Giovanni Batista Zandalocca

Böse Eigenschaften der Anmerkungen über die Bittschrift der Jesuiten

an seine Heiligkeit Pabst Clemens XII

Giovanni Batista Zandalocca

Böse Eigenschaften der Anmerkungen über die Bittschrift der Jesuiten
an seine Heiligkeit Pabst Clemens XII

ISBN/EAN: 9783744630115

Hergestellt in Europa, USA, Kanada, Australien, Japan

Cover: Foto ©ninafisch / pixelio.de

Weitere Bücher finden Sie auf **www.hansebooks.com**

Böse Eigenschaften
Der
Anmerkungen
Ueber
Die Bittschrift der Jesuiten
An Seine Heiligkeit
Pabst Clemens XIII;

Aufgedecket durch den Hochw. Herrn Erzpriester Johann Baptist Zandalocca aus Mantua.

Vierter Theil
Der Schutzschriften für die Gesellschaft JESU.
Aus dem VIII B. der italiänischen.

Mit Genehmhaltung der Obern.

Oberammergau in Bayern.
Verlegt von Martin Wagners sel. Erben. 1761.

Vorbericht
Des italiänischen Herausgebers an den Leser.

Ich theile dir, Hochgeneigter Leser, ein Buch mit, welches seine Verdienste hat. Ein frühzeitiger Tod hat dem Verfasser das Vergnügen geraubet, seine Arbeit gedruckt zu sehen. Er hat noch auf seinem Sterbbette dem Höchsten gedanket, daß er ihm die Gnade ertheilet dieses Buch zu schreiben, weil er hiedurch die Wahrheit und die Unschuld vertheidiget. Seine Absicht bestehet in dem, daß er eines Theils die Unbilligkeit jener Anmerkungen an das Licht stelle, wodurch die berühmte Bittschrift der Jesuiten an Seine Heiligkeit den wirklich regierenden Pabst angefochten worden. Ich will meine Meynung hierüber ganz öffentlich herausbeichten. Wenn die Jesuiten sich nicht selbst zu einem so strengen und verwunderlichen Stillschweigen verdammet hätten, oder, besser zu reden, wenn sie bey diesen grausamen Wunden sich nicht zu einer gewissen Unempfindlichkeit gehärtet hätten: würden sie dem Herrn Verfasser dieses Buchs seine Müh und alle die Hitze seines gerechten Eifers erspart haben. Es wäre genug gewesen, wenn sie die Ungerechtigkeit der That hätten erwägen, und jene Mittel ergreifen wollen, welche von den Gesetzen keinem Menschen auf der Welt versagt werden: so wäre dem Handel abgeholfen gewesen.

Der P. General der Gesellschaft stellet mit aller Demuth eine Bittschrift ein bey dem höchsten Vorsteher der Kirche, und traget ihm den gegenwärtigen Zustand seines Ordens vor. Der Pabst nimmt die Bittschrift an, würdiget sich dieselbe zu lesen, und überschicket sie zur Untersuchung an das Gericht der heiligen Inquisition. Eine jede Bittschrift ist von sich selbst ein Geheimniß, und will geheim behandelt werden. Sein glücklich regierende Heiligkeit sind von Natur und Tugend geheim, und halten die Heimlichkeit für die Seele der Staatskunst. Der Richterstuhl der Inquisition ist die eigentliche Freystatt der allerheiligsten, der ehrwürdigsten, und unverbrüchlichen Heimlichkeit. Alles trifft zusammen auf die Heimlichkeit, alles empfiehlt sie, alles foderet Stillschweigen. Wer konnte sich träumen lassen, daß eine geheime Bittschrift, welche an einen geheimen Pabst ergangen, und der geheimsten Gerichtsstube übergeben war, sollte offenbar werden können, und vor der ganzen Welt an das Licht treten? wer konte sich eine so feyerliche Verletzung des allgemeinen Rechtes nur einfallē lassen? Dieses, glaube ich, sey das einzige Beyspiel, daß eine geheime Bittschrift eines Unterthanen, welche er mit Ehrfurcht seinem rechtmäßigen Fürsten überreichet, und dieser gnädigst angenom̃en, von einer unbekañten Hand diebischer Weise davon gebracht, und wider alles heiligste Recht und Gesetz durch offentlichen Druck ausgesprenget worden.

Nun haben wir gesehen, wie diese Bittschrift aus der Presse gehoben, um und um mit Postillen versehen, und in ein ganzes Meer beygefügter Anmerkungen versenket worden. Aber noch nicht genug. Wir haben gesehen, wie diese Bittschrift beynahe in die Hände des Pabsts gedruckt übergeben; mit Anmerkungen, und einem Anhange noch dazu, eingefasset; alles aber mit Lästerungen, mit Betrügereyen, mit Schmachreden, mit Scheltworten wider die Jesuiten, auf das reichlichste ausstaffieret worden. Dieses neñe ich die Ungerechtigkeit der That. Die Ungerechtigkeit einer solchen Auskündigung beleidiget erstlich den General der Gesellschaft mit seinem ganzen Orden: ja wenn sie nur ein einziger und der schlechteste Mensch wären, würde selber doch noch einigen Anspruch auf den Schutz der Gesetze und das Völkerrecht zu machen haben. Sie beleidiget Seine Heiligkeit den Pabst, und reißet ihm gleichsam auf eine unartige Weise aus den Händen eine geheime Bittschrift, welche er zu durchlesen sich würdigte. Sie beleidiget den Richterstuhl

stuhl der heiligen Inquisition: denn wie ist diese Schrift aus ihren Gerichtstuben hervor gekommen? Haben sie vielleicht die Häupter einer so hochehrwürdigen Versammlung herausgegeben? Dieses zu zu gedenken wäre eine Thorheit. Haben vielleicht die Bewahrer der Schriften verrätherischer Weise ihre so wichtige Pflicht verletzet, oder aus Nachläßigkeit übersehen? Wer kann immer solches glauben? Muß also der Verfasser der Anmerkungen, oder ein getreuer Mitgehülfe, einen geheimen Weg gefunden haben, diesen Schatz zu erheben: dieser muß alle Wachsamkeit, den Eifer, und die Treu aller Aufseher und Vorsteher hintergangen haben. Dieses ist eine Gefährte, welche nicht so fast die Jesuiten, als den Pabst und seine Inquisition beleidiget. Wollte jemand vermuthen, diese Bittschrift wäre dem erdichteten Portugesen anderswoher zu Handen gekommen: so wird zwar hiedurch seine Bosheit eines Theils geminderet, bleibet aber dennoch eine Beleidigung wenigst der Jesuiten, welche allezeit ihr Recht haben, daß jene Sachen, welche zwischen ihnen und Seiner Heiligkeit in der Stille vorgehen, ohne beyder Einwilligung nicht sollen geoffenbaret werden.

Wenn solche Anmerkungen der Gesellschaft rühmlich wären, wenn sie von der Hand eines Freundes herkämen, und die Bittschrift mit den schönstẽ Lobsprüchen heraus schmucketen: wäre doch der Verfasser von der Schuld einer verletzten Heimlichkeit nicht loszusprechen. Was soll man nun von ihm urtheilen, da seine Anmerkungen so voller Schmach, und mit dichten Grobheiten also gespicket sind, daß es keiner aus den ärgsten Lotterbuben so schlimm machen würde? Dieses ist die Unbilligkeit in der Art zu schreiben. Ueberhaupt suchen die Anmerkungen den Pabst zu erleuchtẽ, was er von den Jesuiten zu halten habe, gleich als ob er sie, von welchen er doch auferzogen worden, unter welchen er allezeit gelebt, deren etliche er jederzeit an seiner Seite gehabt hat, erst jetzt müßte keñen lernen. Der Verfasser will den Pabst belehren, die Bittschrift sey seiner nicht würdig, sie verdiene nicht, daß sie von ihm gelesen oder angenommen, viel weniger gnädig beantwortet werde. Dem Für-

 sten

sten allein kommet es zu, eine Bittschrift anzunehmen oder nicht anzunehmen, zu lesen oder nicht zu lesen, zu erhören oder nicht zu erhören. Aber die Stimme erheben, da er im Lesen begriffen ist, ihm die Ohren voll schreyen, und mit verdrießlichen Einwendungen den armen Bittenden um seine Ehre zu bringen suchen, heißet dieses nicht Unbilligkeit? wenn dieses keine ist, so frage ich, wo giebt es dann eine?

Der Notenschmied thut sehr gut daran, daß er sich verbirget und seinen Nahmen nicht auskommen lasset. Er erkennet seine That: denn warum sollte er sich sonst schämen, und den Urheber eines so schönen Werkes geheim halten? Spreche er nur öffentlich! sage er ohne Furcht: Ich, ich habe die Schriftē des Archivs durchwühlet: ich habe das Blatt der Jesuiten gefunden, und in den Druck gegeben: ich habe die Anmerkungen beygesetzt, ich den Anhang nachgeschicket. Schäme er sich nicht zu entdecken, wie wohl verdient er sich gemacht habe um die Kirche, um den Pabst, um die Inquisition, um die Jesuiten, und die ganze Welt. Fürchte er nur die Jesuiten nicht. Auch den guten Pater Norbert hatte eine dergleichen Furcht angestoßen, daß er seine Person in Holland und Engelland noch nicht sicher genug hielt. Da er aber nun den Handel besser versteht, sitzet er in Lothringen, und genießet eine vollkommene Sicherheit; also zwar, daß, wenn er keines andern Todes als durch die Jesuiten stirbet, Mathusalens Leben nichts gegen das seinige seyn wird, und ganz gewiß der jüngste Tag den P. Norbert noch auf der Welt antreffen soll. Da aber der unglückselige Erfinder der Anmerkungen sich selbst verstecket, da er erzittert auf den Gedanken, sein Namen dörfte vielleicht kundbar werden: muß er ja gestehen, er habe eine unbillige That begangen, welche die schärfeste Bestrafung verdienet.

Dieses hätten, meines Erachtens, wenn ich doch einen Rath zu ertheilen fähig bin, dieses hätten die Jesuiten in Erwägung ziehen sollen. In Ersehen, daß sie durch ungerechte Eröffnung einer solchen Heimlichkeit unbillig angetastet wären, hätten sie auf eine

Ehren-

Ehrenrettung bedacht seyn sollen. Diese Ehrenrettung wäre in dem bestanden, daß sie ihren Widersacher zu Rom an dem gehörigen Orte gerichtlich belangeten, wo einem jeden, der beleidiget oder beschädiget ist, frey stehet sich zu melden; wo man jedermann anhöret, die Klagen annimt, den öffentlichen Ehrenschänder aufsuchet, und gebührend abstraft. In allen wohl eingerichteten Städten, und sonderlich in Rom der Lehrmeisterinn aller übrigen, hat es einen gewissen Richterstuhl, bey welchem man sein Recht suchen kann. Bin ich an meiner Person oder Ehre vervortheilet, gehe ich dahin, und begehre Gerechtigkeit. Zu diesem Ende sind solche Stellen errichtet. Der Fürst ist ein allgemeiner Vater, er beschützet, gleichwie das Leben und Gut, also auch den guten Namen aller seiner Kinder. Hier sollten sich dann die Jesuiten gemeldet, hier ihre Ursachen angebracht, hier ihren gerechten Handel betrieben haben. Kein Gericht hätte ihnen den gebührenden Schutz versagen können. Wer bey den Gesetzen anklopfet, welche zahlreich und scharf sind, findet seinen gesuchten Beystand. Es wäre so schwer nicht gewesen, den Thäter auszuspüren. Man weiß beynahe schon, wer er ist. Seine Abstrafung gesetzmäßig zu begehren, da es um den guten Namen zu thun ist, sonderlich in den Glaubens- und Sittenlehren, und bey solchen Personen, welchen er nöthiger ist, als das tägliche Brot; gehöret unter die Uebungen der Liebe, und der Gerechtigkeit, um welche bey dem Fürsten anzuhalten das Gesetz GOttes befiehlet. Die Jesuiten sollten also ein paar Rechtsgelehrte erwählet, ihre Sachwalter angestellet, ihre Klagen eingegeben, und so lang nicht geruhet haben, bis ihnen ihr Recht widerfahren wäre. Sie mußten deßhalben nicht in eigner Person erscheinen, und sich vor den Gerichten herumschleppen, oder die Anmerkungen und ihren Anhang mit öffentlichen Wortstreiten widerlegen: die Welt konnte ohne das überzeuget werden, daß der Fürst gerecht sey, und ein gutes Gesetz so wohl zu machen, als zu handhaben wisse. Wer kann dieses Verfahren misbilligen? Wer konnte ihnen das Thor sperren, und den Weg zu den Gesetzen abschneischneiden, welche, da sie das gemeine Beßte angehen, durch den Beystand GOttes gemacht werden?

Hätten die Jesuiten diesen Schritt gewaget, wären hiedurch so viel Schmähschriften, so viel stachlichte Blätter, so viel ansteckende und pestilenzische Bücher unterblieben, welche bey den Guten Aergerniß, bey den Bösen Gelächter, und unserm Italien nur Schande verursachen. Eine exemplarische Bestrafung leget den vermessenẽ Beschnarchern einen Maulkorb an, welche sonst aus der zweyten Tafel der zehn Gebothen das achte von den falschen Zeugnissen scheinen gar ausgelöschet zu haben: wiewohl sie die übrigen fleißig anmelden, und ihre vorgegebne Uebertretungen so oft aufrühren, daß es die halbe Welt ausstinket: weil sie sich nämlich andre einbilden, wie sie selbstẽ sind. Ich widerhole es, hätten es die Jesuitẽ also angegriffen, wären ihre jetzt unheilbare Wunden schon längst geschlossen, und müßten sich nicht andre bemühen, zu ihrer Vertheidigung zu schreiben, da sie stillschweigen, als gienge sie das ganze Werk gar nicht an. Ich will hiedurch ihr Stillschweigen nicht getadelt haben: vielleicht haben sie versuchen wollen, ob die Bescheidenheit, das Stillschweigen, die Gedult, ihre Gegner nicht bessern kõnte. Aber sie mögen mir auf mein Wort glauben, ein so hohes Tugendbeyspiel kann nichts verfangen bey so niederträchtigen, zanksüchtigen, und schlechten Gemüthern: ihre Widersacher haben die Art der Mucken und Bremen an sich, welche den geduldigen darum nicht verschonen, sondern noch mehr beissen und stechen. Aber nicht deßwegen, weil sich die Jesuiten nicht regen, müssen auch alle andre still sitzen. Der Verfasser dieses Buchs hat sich eine Schuldigkeit daraus gemacht einem beleidigten Unschuldigen beyzuspringen, welcher nit sprechen will, u. eben darum einen Beystand verdienet, weil er unschuldig ist, und selbst nicht sprechen will. Dieses Beyspiel sollte auch andre zur Nachahmung reizen: fürchte nur niemand das Bellen derjenigen, welche dreist sind wider die furchtsamen, und furchtsam vor den beherzten. Lebe wohl, geneigter Leser, und laß dir diese Arbeit gefallen. D. A.

Böse

Böse Eigenschaften Der Anmerkungen Und Des Anhangs Wider die Bittschrift der Jesuiten.

Einleitung.

Da die Herbstzeit des verflossenen Jahrs 1759 von uns Urlaub nahm, ward in dieser meiner Vaterstadt ein neugedrucktes Werklein herumgegeben, unter folgendem Titel: Anmerkungen eines Portugesen über die Bittschrift der Jesuiten an Seine glücklich regierende Heiligkeit Pabst Clemens XIII, vorgetragen in einem Schreiben an einen Freund in Rom. Gedruckt zu Lisabon, 1759. Als mir ein guter Freund dieses Buch auf eine kurze Zeit zu durchsehen gegeben, wollte ich anfänglich bey Erblickung des Titels nicht weiter fortfahren, weil mir dieser schon vorsagte, was überhaupt nachfolgen sollte. Doch hat mich der Vorwitz überredet, daß ich die Einrichtung sehen wollte, und in wenig Stunden laß ich es von der ersten Seite bis auf die letzte.

Noch unter dem Lesen entbrannte in mir ein solcher Nacheifer, daß, wenn mich nicht das gebührende Aufsehen auf meinen Freund zuruck gehalten hätte, unverzüglich alles im Rauche aufgegangen seyn würde. Mit dem Nachdenken nahm der Verdruß zu, und gab mir den Vorsatz ein, Anmerkungen über die Anmerkungen zu machen, und die noch übrigen Herbsttage hiezu anzuwenden. Diese schreibe ich Ihnen selbsten zu, mein Herr Portuges, und untersuche hiemit die Eigenschaften und Verdienste ihrer Schrift: wiewohl mich die Leibsschwachheiten in etwas gehindert, diese Arbeit so geschwind zu vollenden, als ich wohl gewunschen hatte.

Ich kann von Ihnen, mein Herr, nichts anders erwarten, als daß Sie mich, wo nicht für einen Jesuiten, doch gewiß für einen aus ihrem dritten Orden, das ist, ihrer bescheidenen Mundart nach, für einen Blinden, für einen Dummen, halten werden, wie alle der Gesellschaft wohl geneigte. Denken, und sprechen Sie immer, wie Sie wollen: wenn Sie aber fleißige Nachfrage halten, werden Sie in der That befinden, daß ich ein Priester aus der weltlichen Clerisey bin; daß mich keine andere Ursachen die Feder zu ergreifen bewogen, als diejenigen, welche sie bald aus meinen Anmerkungen vernehmen werden; daß ich lediglich aus meinem eigenen Willen schreibe, ohne allen fremden Antrieb, ohne alle Beyhülfe, außer was ich aus Ihrer Schrift entlehne.

Belieben Sie hier zum voraus drey oder vier Umstände zu vernehmen, welche Ihnen das Ziel und Ende meiner Antwort desto kennlicher machen werden. Erstlich, weiß ich wohl, daß man ohne alle Gefahr sich zu irren den Verdacht gefasset, sie seyn kein wahrer Portuges, sondern ein guter Wälscher; schreiben auch nicht von Lisabon nach Rom, sondern aus Rom nach Lisabon, und an die ganze Welt und Nachwelt. Nichts desto weniger bleibe ich bey dem bekannten Namen, und nenne Sie so, wie Sie sich selbst getaufet haben; zwar ganz und gar nicht in der Meynung, als ob ich den Namen eines Portugesen verachtete, als welchen ich gleich allen übrigen Völkern hochhalte; sondern nur Ihnen zu verstehen zu geben, wie seicht Sie in ihrer Dichtkunst seyn müssen, da Sie sich vertröstet, der Schatten dieses übel gewählten Namens werde genugsam jene Fehler bedecken, welche man einem wahren Portugesen in dem Feuer seines Zorns vergeben würde.

Zwey-

Zweytens, erkläre ich hiemit, daß ich mit aller Einfalt und Aufrichtigkeit schreibe, ohne Leidenschaft, ohne Absicht, ohne Pracht einer schönen gefirnißten Schreibart, wie es die falschen Eranisten (oder Zänker) und andre neue Kunstrichter machen: ich gehe ganz gerade zu, und spreche mit Ihnen, mein Herr, so vertraulich, als wenn ich Sie hier in meinem Zimmer vor mir hätte.

Drittens, wenn ich gewisse von Ihnen beygebrachte Erzählungen umgehe, oder wohl auch zum voraus setze, bin ich dadurch nicht gesonnen dieselbigen für wahr zu erkennen. Eben so wenig habe ich mich gerüstet, alle und jede Klagen wider die Jesuiten, mit welchen Sie ihr Buch voll gestopfet haben, Stück für Stück zu beantworten. Ich will, und soll dieses nicht thun: theils weil die Jesuiten keines auswärtigen Beystandes hierinnen benöthiget sind, theils weil ich mir eine solche Vertheidigung auf eine wichtigere und nöthigere Gelegenheit vorbehalte. Folglich werden meine Anmerkungen zwar auf die ihrigen gebauet, im übrigen aber denselbigen gar nicht ähnlich seyn.

Viertens, wiewohl ich ein erkanntliches und dankvolles Herz gegen die Jesuiten im Busen trage, ist es doch hier nicht angesehen auf einige Einschmeichlung, oder Erwerbung ihrer Gewogenheit: wenn gleich Sie, mein Herr Portuges, in ihrer letzten Anmerkung diese schlechte Absicht allen denen zur Last legen, welche von den Jesuiten günstig sprechen. Ich werde mein vollkommenes Vergnügen erhalten, wenn mein Leser erkennen wird, wie grundlos ihr Handel sich befinde, ob ich schon ihre Schrift nicht durchaus der Ordnung nach widerlege.

Dieses ganz einfältig zum voraus gesetzt, damit ich einigen Vorurtheilen und Einwürfen begegne, schreite ich zu der Sache, und schöpfe der Geburt unsers Portugesen den rechten Namen: es ist überhaupt ein **verbothenes** Buch, und ins besondre ein **unvernünftiges**, ein **ehrenrühriges**, ein **grausames**, ein **vermessenes**, ein **aufrührisches**, ein **ärgerliches** Buch. Diese sieben Bosheiten scheinen mir eben diejenigen zu seyn, welche der heilige Geist in den Sprüchwörtern einem abentheuerlichen Ohrenblaser beyleget, und jedermann warnet, demselbigen in Ewigkeit keinen Glauben beyzumessen. Verba susurronis quasi simplicia . . . . . . ne credideris ei, quoniam septem nequitiæ sunt in

In corde illius. *Prov.* XXVI 22 & 25. Die Reden des Verleumders sehen aus wie einfältige Reden: glaube ihm nicht, denn in seinem Herzen stecken sieben Bosheiten. In den sieben Hauptstücken meines Buchs wird sich zeigen, daß unser Portuges zu seiner ewigen Schande eben dieser Verleumder sey, und daß die sieben Bosheiten seines Herzens sich in seiner Schrift mit deutlichen Wahrzeichen verrathen haben.

I Hauptstück.

Die Anmerkungen sind ein verbothenes Buch.

Sie haben sich die Mühe gegeben, mein Herr Portuges, über die Bittschrift der Jesuiten ein und zwanzig lange Anmerkungen zu verfertigen, in welchen, die Wahrheit zu gestehen, ihr Witz verdienet bewundert zu werden: denn wie haben Sie doch, nachdem Sie die Bittschrift nicht öfter als zweymal durchgelesen, wie ihr Eingang selbst bekennet, so viele und so unterschiedliche Sachen in der Geschwindigkeit unter einen Hut bringen können? Allein ich sehe es wohl: das grobe Geschütz stund schon längst mit allen diesen Kartätschen geladen: und die Bittschrift der Jesuiten war die Zündruthe dazu: da gieng alles auf einmal los. Hat Ihnen aber wohl ihr Gewissen, da Sie so hitzig auf einen geringen Vorwand wider die Jesuiten Feuer gegeben; hat Ihnen ihr Gewissen nicht gesagt, wie schwerlich Sie sich selbsten durch ein so großes Laster verletzeten? Ich wüßte in der That nicht zu rathen, zu welcher Religion Sie sich bekennen: ich will aber unterdessen so gut seyn, und Sie für catholisch annehmen. Wie verstehen Sie nun als ein solcher die Sittenlehr, welche uns das Evangelium auferleget? Sie, der Sie den Jesuiten (XI Anmerk.) vorwerfen, ihre Sittenlehre laufe wider das Evangelium? Erklären Sie mir zur Gnade die Regel des Heilands, Matth. XVIII, 15, 16, 17: Sündiget dein Bruder an dir, so gehe hin, und strafe ihn zwischen dir und ihm allein. Höret er dich, so hast du deinen

nen Bruder gewonnen. Höret er dich nicht, so nimm noch einen oder zween zu dir, auf daß alle Sachen in zweener oder dreyer Zeugen Munde bestehe. Höret er dich nicht, so sage es der Kirche. (das ist, den Obern, den Richtern, den Fürsten.) Höret er die Kirche nicht, so halt ihn als einen Heyden. Lehret vielleicht diese so gerechte, diese so heilige, und eben so nothwendige Regel den Catholischen, daß er fremde Mängel auf solche Art, wie Sie gethan, nicht einem oder zweenen Freunden, nicht nur den Obern und Häuptern der Völker offenbaren solle, sondern durch den Trompetenschall vor der ganzen Welt, ohne Absicht auf den Stand der Personen, ohne einige Mäßigung in den Umständen, ohne einige Schranken der Bescheidenheit? Jener GOtt, welcher den schaumenden Wellen des Meers das Ufer, hat auch den wallenden Anklagen fremder Gebrechen aufs höchste das Ohr eines Vorstehers oder Fürsten zu ihren Gränzen gesetzet. Sie werden auch wohl wissen, hochgelehrter Herr Portuges, daß solche Anklagen wahr und gewiß seyn müssen, gleich als hätte man es mit eigenen Augen gesehen; daß die Noth solches erfodre; daß man vernünftig eine Besserung zu hoffen habe; daß hieraus dem dritten kein erheblicher Schaden entstehe; daß keine aus jenen übrigen Bedingnissen fehle, welche von den Gelehrten hiezu begehret werden. Und alles dieses, mein hochzuehrender Herr, hat Statt und Platz, wenn es auch nur einen besonderen Menschen angeht: noch höher steiget die vermessene Frechheit, wenn der angegriffene Theil eine Person ist, welche in einer hohen Würde, in einer ehrwürdigen Amtsverrichtung, in einem großen Ansehen stehet; noch höher, wenn es eine zahlreiche Gemeinde betrifft; noch und weit höher, wenn es um die Ehre eines ganzen Ordens zu thun ist: dieweil es eine allgemeine Regel ist, daß alle Länder, Gemeinden, und Städte besagtes Recht genießen, so verdorben auch sonst ihre Aufführung seyn mag. Diese schuldige Ehrerbiethung ist die Ursache, warum sich nicht bald eine Feder waget, dergleichen böse Sitten öffentlich anzugreifen. Es finden sich wirklich gewisse Oberkeiten in der Welt, die dieses Recht mit den strengsten Gesetzen verwahren, geheime Aufseher halten, und die Verbrecher mit öffentlichen Strafen ansehen. Woher mag doch immer, absonderlich in catholischen Ländern, ein solcher Misbrauch gekommen seyn? ein Misbrauch, welcher in göttlichen und menschlichen Rechten so hoch verbothen ist, daß man mit so schändlichen und lieblosen Schriften einen ganzen Ordensstand anfalle, welcher so zahlreich und so weit ausgebreitet ist, daß er, wenn die Mitglieder versammlet wären, mehr als eine Stadt ausmachen, und für ein ganzes Land oder Reich gelten könnte. Wenn dieses erlaubt ist, wozu dienen hinfüro die Warnungen und Drohungen der heiligen Schrift, der Väter, der Kirchendiener, wider die Ehrabschneidung? Schweige nur ein König David, und ziehe er ein mit seinem Eifer (Ps. C 5.) wider den geheimen Ehrendieb: denn es gilt ja der öffentliche. Schweige ein Salomon, und verbiethe er der Welt nicht mehr (Sprüch. XXIV 21) mit Ehrenräubern einen Umgang zu haben: sein Fili mi wird nur ausgelachet. Schweige ein Apostelfürst, und widerhole er uns nicht mehr (I Pet. IV 8) seinen Lobspruch der Liebe, daß sie die Menge der Sünden bedecke. Schweige endlich auch Christus der Heiland selbst, und verzeihe mir, wenn ich sage, sein Raca und Fatue (Matth. V 22) mit den angedrohten Strafen seyn bey unsern Zeiten ganz unglaublich geworden. Noch viel mehr schweigen und schämen sich alle eifrige Beschützer des fremden guten Namens, und machen sich dafür diejenigen ein Gewissen, welche nicht übel genug von ihrem Mitbruder zu sprechen wissen. Sie selbst, Herr Portuges, müssen Sie nicht vernünftiger Weise bekennen, daß entweder ihr Buch ein ausgemachtes Meisterstück der vollkommensten Ehrabschneidung, oder gar keine Ehrabschneidung in wahrem und theologischen Verstande zwischen Himmel und Erde mehr zu finden sey? Können Sie in Abrede seyn, dafern Sie ihre Anmerkungen mit gutem Gewissen der Presse haben übergeben können, sey keine Gattung der Personen mehr übrig, welche zu entehren und zu beleidigen unerlaubt sey, so ansehnlich, mächtig, gut, oder auch heilig sie immer seyn mögen? Die ganze Welt ist erstaunet, wie Sie, mein Herr, die heiligsten Pflichten mit Füßen haben treten können, wenn es nicht aus einer großen Blindheit in ihren Grundsätzen, und einer mehr dann viehischen Erhitzung ihrer Leidenschaften entstanden ist.

Wenn wir aber aus einer Unmöglichkeit eine Möglichkeit machen, und zugeben könnten, daß Ihnen, mein Herr, oder andern erlaubet wäre, wider seinen Nächsten auf ihre Art zu schreiben: will ich Ihnen in geheim meine Meynung anvertrauen, welche Ihnen etwas neues seyn wird. Mit allein dem hätten Sie sich nun eine Freyheit mehr herausgenommen, als der heilige Apostel Paulus. Omnia mihi licent,

sed

sed non omnia expediunt. I Corinth *VI* 12. **Alles ist mir erlaubt, aber nicht alles ist nütze.** Seine Schlußrede ist: Es ist erlaubt, aber hier nicht nutz: also ist es hier nicht erlaubt. Es kann wohl eine Sache überhaupt und ihrer Natur nach erlaubt seyn, und dennoch in gegenwärtigen Umständen nichts taugen, weil sie überflüßig, unanständig, unnütz, oder nicht heilsam ist; ja wohl gar widrige und böse Folgen nach sich ziehen kann. In solchen Fällen wird die Erlaubniß aufgehoben, widersprochen, vernichtet. Alles ist voll von Beyspielen. Der heilige Paulus allein könnte uns eine gute Anzahl an die Hand geben. GOtt selbst, da er alles Recht hatte sein undankbares Volk auszurotten, hat es nicht gethan aus jener Ursache, welche er durch den Mund seines Propheten Moyses kund gemacht: **Wegen des Zorns ihrer Feinde habe ich zuruckgehalten, damit nicht ihre Feinde stolz thäten.** V B. Moys. XXXII 27. Wie dann auch David dem Semei und Joab ihr wohl verdientes Recht bey seinen Lebzeiten nicht anthun lassen, weil er erkännte, daß es in damaligen Umständen nicht nützlich wäre. Es bleibet also bey der unlaugbaren Regel des Apostels, als einer Richtschnur der menschlichen, und noch weit mehr der christlichen Klugheit: Was nicht nützlich ist, könne auch nicht für erlaubt gehalten werden. Wenn also auch die Anmerkungen nicht schon aus andern Ursachen tadelhaft, verdammlich, unerlaubt, und höchst unerlaubt wären; so wären sie es deßhalben allein, weil es niemals nützlich war selbe zu schreiben, viel weniger zu drucken. In der That, was nützlich heißen soll, muß entweder nothwendig, oder erspießlich seyn. Wer wird nun ihre Arbeit, mein Herr, für nothwendig oder erspießlich gelten lassen? Nicht nothwendig: denn wer oder was hat Sie genöthiget, eine fremde Bittschrift übel auszulegen, ihre Meynung zu vergiften, sie von Fuße auf zu radbrechen? Haben etwa Seine päbstliche Heiligkeit einen Dollmetsch vonnöthen gehabt, und zwar von Lisabon aus? Oder hat ihnen jemand das Messer an die Gurgel gesetzt, mit Androhung eines gähen Tods auf der Stelle, wenn sie kein Strafgedicht wider die Jesuiten schreiben wollten? oder ist Ihnen vielleicht ein gewaffnetes Heer gewisser Philistäer in die Seite gegangen, aus derer Furcht Sie mit einem Saul aufschreyen mußten, **Aus Noth** gedrungen (I Kön. XIII 12) habe ich dieses hohe Rachopfer vorgenommen? Hat Rom oder Portugall Sie gezwungen, römischer Herr Portuges, über eine demüthige Bittschrift eine solche Brühe zu machen, und so viel Wermuth darein zu mischen? Wer hat Sie dazu berufen? Wer hat Sie zu dieser Glosse genöthiget? Nein, nein! wären Sie durch einen unvermeidlichen Befehl hiezu getrieben worden, hätten Sie nicht so viel Zeugs erdichtet, nicht so viel Vorsorg angewandt, nicht einen falschen Namen angenommen; Sie hätten sich nicht so inbrünstig verstecket; Sie hätten nicht ihr Titelblatt mit dem Namen einer fremden Stadt vermummet; nicht die ersten zu Rom gedruckten Exemplare von Lisabon über Meer nach Genua, und dann von Genua auf Rom bringen lassen; nicht wie ein gefallener Adam mit dem verbothenen Bissen im Munde davon gelaufen, und sich unter dem Schatten andrer verdächtigen Männer verborgen: lauter Zeichen, es habe sich weder Noth noch Zwang eingefunden das göttliche und menschliche Gesetz zu verletzen.

So kann auch ihr Buch, mein Herr, nicht ersprießlich genannt werden: denn überhaupt werden die Bücher der Welt ersprießlich, da sie entweder durch Vergnügung des menschlichen Vorwitzes den Geist belustigen, oder durch Ersättigung der Lehrbegierde den Verstand unterrichten. Ich frage alle Leser ihres Buchs, was für eine Belustigung dieselben gefühlet. Wenn jemand von einem Hügel nach einer grausamen Schlacht die Wahlstatt ersieht, welche mit verwundeten, mit gestümmelten und zerrissenen Leichen besäet ist: wenn er ganze Bächlein frisches Bluts erblicket: empfindet er nicht nur kein Gefallen, sondern es laufet ihm ein mitleidiges Entsetzen durch alle Adern, er wendet voll des Schreckens die Augen ab, er flieht, und kann ein so unmenschliches Schauspiel zu betrachten nicht über das Herz bringen. So und nicht anders müßte beschaffen seyn die gräuliche Belustigung über die blutige Niederlag der Jesuiten, welche ihr Buch theils vorstellet, theils anrichtet: man müßte dann einem Tieger oder Bären gleich seyn, welche noch das Blut von ihrer zerfleischten Beute lecken, und damit die unersättliche Lust büßen. Was aber den Unterricht betrift, was lernet doch die Welt aus allen diesen Anmerkungen? Wir werden zu seiner Zeit sehen, wie unselige und verderbliche Folgen aus dieser Schrift erwachsen.

Nun möchte ich wissen, Herr Portuges, woher sich sonst die Nutzbarkeit ihres schönen Werkes schreibe. Führen sie alle ihre Ursachen durch die Musterung : sie mögen nun angehen die weltlichen Fürsten , und ins besondre Seine Majestät den König in Portugall, oder den heiligen Stuhl zu Rom , oder das allgemeine Beßte der Welt , oder ja die Gesellschaft JESU selbst : denn alle diese findet man hier und dort in ihrer Schrift ausgestreuet, sie zu rechtfertigen. Mit allem dem bleibet immer wahr, daß Sie , mein Herr , durch ihre Anmerkungen mehr übles stiften , als gutes daraus verhofft werden kann : wenn auch alle ihre unkräftige Ursachen für kräftig sollten angenommen werden. Wirklich ist dieses Buch, sowohl an dem römischen Hofe , als bey den weltlichen Fürsten , und allen Catholischen , schlecht angesehen , und wird nicht höher als ein fabelhaftes Zeitungblatt gehalten. Aufs höchste war es ein Blitz , welcher aus Westen gen Osten geflogen kam , und einen Augenblick lang einen Vorwitz erregte : es ist schon alles verschwunden , alles wieder still. Was den Ordensstand der Gesellschaft anlanget , bekennen Sie selbst , mein Herr , (XIII Anmerk.) Sie würden noch mehr geschrieben haben , wenn Sie einen Nutzen daraus hätten erwarten können. Sie haben also keinen verhoffet? und dennoch haben Sie fortgeschrieben ? zu welchem Ende dann so viel unnützes Geschrey ? Wenn es , ihrer eigenen Meynung nach , fruchtlos ablaufen sollte bey der Gesellschaft selbst , welche freylich so bescheidene und edelmüthige Erinnerungen gar nicht vonnöthen hatte , um wie viel weniger konnten Sie bey andern einen Nutzen hoffen ? Mit der Zeit werden auch Sie erkennen , daß Sie eine Gottlosigkeit ohne Nutzen und Noth begangen : inzwischen aber wird man mir das Recht widerfahren lassen zu glauben , daß ich mit aller Wahrheit des Herrn Portugesen Buch ein wesentlich unerlaubtes und überhaupt verbothenes Buch betitelt habe.

II Hauptstück.

Die Anmerkungen sind ein unvernünftiges Buch.

Nachdem ich einmal fest gestellet , Herr Portuges , daß ihr Buch , und ein jedes das ihm gleich sieht , überhaupt ver-

verbothen sey, und wider das evangelische, ja auch natürliche Gesetz laufe; folglich Sie, mein Herr, eine so schwere und so unzählich oft widerholte Sünde zu verantworten haben, als weit sich dieselbige in der Zeit und Anzahl der Leser ausbreitet: bleibet Ihnen keine andre Ausflucht übrig, als daß Sie Ursachen, oder wenigst Entschuldigungen anführen, ihre Arbeit dadurch zu beschönen. Denn ich will Ihnen die Ehre thun zu glauben, Sie denken nicht so pöbelhaft und niederträchtig, daß Sie sich zu einem so schädlichen Unternehmen durch angebohrne Hoffart, verborgenen Neid, oder eingewurzelten Haß der Jesuiten werden haben verleiten lassen. Sollten Sie aber weder mit vernünftigen Ursachen, noch mit erklecklichen Entschuldigungen aufkommen: werden Sie sich mehr Ausstellungen und Klagen auf den Hals laden, als Sie den Jesuiten aufgebürdet, und nicht nur keinen Schutz, sondern auch kein Mitleiden von einem gescheiden Leser verdienen. Ich bilde mir ein, da Sie ihr Buch bey sich ausgedacht, werden Sie sich wohl etwa ein Ziel und Ende vorgestellet haben, und wenigst um einige Entschuldigungen auf die allenfalls entstehenden Einwürfe besorget gewesen seyn. Von ihren Ursachen, welche gleich einer zerspringenden Bombe auf alle Seiten umher schlagen, handle ich hier nicht mehr, sintemal sie schon mein erstes Hauptstück sattsam widerlegt hat. Die Entschuldigungen aber wollen wir hier, um keine Zeit zu verlieren, ungesaumt vornehmen.

Wohlan dann! lassen Sie uns eine dieser Entschuldigungen hören. Sie erklären sich (XI Anmerk.) mit diesen eigentlichen Worten: **Ich sage die reine und aufrichtige Wahrheit.** Dieses ist jenes abgedroschene Sprichwort, von welchem nichts mehr als das Stroh übrig ist. Der ungeschickte Pöbel bedienet sich dessen Tag und Nacht: oft entwischt es auch jenen Gelehrten, welche ihre boshafte und dem Nächsten nachtheilige Reden mit gründlichen Ursachen nicht unterstützen können, und sich aus Noth dieses elenden Gassenhauers bedienen. Aber diesem stehet ein anderer Spruch entgegen: **Wenig sind, aus welchen allezeit die Wahrheit spricht.** Das müßte ein Meerwunder seyn, wenn der Herr Portuges unter die glückselige Zahl dieser wenigen gehören sollte. Ich will hier die Wahrheit ihrer Erzählungen nicht anstreiten: wir wollen nicht nur ein Aug, sondern beyde zuthun, und alle ihre Erdichtungen für wirkliche Begebenheiten hingehen lassen. Ich frage nur: darf man also mit völliger Freyheit seinem Nebenmenschen alles Uebel nachsagen, wenn sichs nur auf eine wahre Begebenheit gründet? Es giebet oft gewisse Umstände, welche nicht erlauben, auch wahre ruhmwürdige und ansehnliche Thaten kund zu machen; um wie viel weniger dann unanständige und übel lautende? Wenn man so gar jene verbirgt, sobald es die Tugendliebe oder eine Heimlichkeit erheischet: müssen diese allezeit verborgen werden, außer gewissen Fällen, weil es die Vernunft und Ehrbarkeit allezeit erheischt. Konnte vielleicht Joab seinen König David, weil dessen Verbrechen gewiß war, in dem Lager vor Rabba öffentlich für einen Ehebrecher ausrufen? Es ist jederzeit das deutlichste und edelste Kennzeichen eines billigen und ehrliebenden Menschen gewesen, und wird es jederzeit seyn, wenn er dasjenige bey sich behaltet und unterdrücket, welches durch seine Offenbarung dem armen Missethäter eine Schamröthe, oder wohl gar einen großen Schaden verursachen könnte. Woraus der natürliche Schluß folget, Sie, mein Herr, müssen aller Sittsamkeit und Bescheidenheit gute Nacht gegeben haben, weil Sie sich entschließen können, eine Gesellschaft so hochehrwürdiger Männer so frey zu verleumden. Ich sage **verleumden**: denn so wahrhaft und historisch Sie immer sich anstellen, sagt Ihnen doch ihr eigenes Gewissen, wie viel Lügen ihr Fuchsbalg bedecke, und wie getreulich Sie jener alten Schlange nachahmen, welche der guten Eva mit einigen Wahrheiten mehr Unwahrheiten angehänget. Sie schmeichelten sich, das Lob der Aufrichtigkeit zu erlangen: aber weit gefehlt! die Larve ist Ihnen gar zu geschwind entfallen.

Eine andre Entschuldigung bringen Sie (XI Anmerk.) mit folgenden Worten vor: **Ihre Fehler (der Jesuiten) sind der Anzahl nach gar zu viel, der Schwere nach gar zu groß, und durch den öffentlichen Ruf gar zu ärgerlich, als daß sie verschwiegen, gut ausgelegt, oder mit dem Deckmantel christlicher Liebe verhüllet werden könnten.** Mit Erlaubniß, Herr Portuges! wie haben Sie gesagt? wollen Sie schon wieder ein Zeug seyn dessen, was ich kurz vorher von ihrer Sittsamkeit und Bescheidenheit angerühmet? Den öffentlichen Ruf wollen wir, einen Augenblick lang, ruhen lassen. Die Erlaubniß zu reden und die Freyheit ohne Sünde zu schmähen entstehen also nach ihrer Gottesgelehrtheit aus der Anzahl und Schwere der Verbrechen ? Ey die strenge Sittenlehre ! die schöne Abtheilung ! von einer schweren Sünde zu reden ist nicht erlaubt : aber eine ganze Kette derselben zu entdecken ist unverbothen. Wenn diese Lehre auf alle zehn Gebothe gezogen würde, sollten wir hübsche Folgen erleben. Und Sie, mein Herr, Sie sind der Mann, welcher die Ausgelassenheit der Jesuitischen Sittenlehren so hitzig herab machet ? Dem Deckmantel der christlichen Liebe haben Sie wohl auch die Ehre abgeschnitten. Wer hat es Ihnen gesagt, daß es einen Fall geben könne, auf welchen derselbe sich nicht erstrecke ? Kann die Anzahl und Schwere der Missethaten die christliche Liebe ausschließen, da doch Christus selbst sie einer Samaritaninn, einer Ehebrecherinn, einer Magdalena, einem Zachäus, und so vielen andern unverweigert hat angedeihen lassen ? Nun aber, weil Sie angeführter Ursachen wegen nichts verhalten, nichts gut auslegen, nichts bedecken können; werden Sie mir in geheim bekennen müssen, daß Sie einen großen Antrieb, eine große Begierde, einen hitzigen Eifer gefühlet haben, nicht nur zu reden, sondern also laut zu reden, daß Sie bis in fremde Länder möchten gehört werden. Wie geht nun aber das zu ? Sie geben ja das gerade Widerspiel vor : **Es kommet mich**, so sprechen Sie in besagter Anmerkung, **Es kommet mich unbeschreiblich hart an, diese Erzählungen beyzubringen : und wenn ich nur daran gedenke, ist mir nicht anders, als wenn mir das Herz aus dem Leibe gerissen würde.** O du armes Herz ! ach wie steckest du in Aengsten ? Hier ist Scylla, und dort Charybdis ; hier die Begierde zu schreiben, dort die Begierde zu schweigen : beyde reißen dich gewaltsam zu sich : welche wird es letztlich gewinnen ? wird sich das gequälte Herz zu dem Schreiben oder zu dem Schweigen entschließen ? Ach für dießmal ist es um das elende Herz gethan ! es muß sich wirklich aus dem Busen reißen lassen : denn der Portuges greift nach der Feder. Er schreibet auch in der That nicht anders, als hätte er kein menschliches Herz mehr in der Brust, sondern inzwischen ein anders von einem rasenden Tieger oder wüthigen Bären entlehnet. Aber belieben Sie mir doch zu sagen, mein gütigster Herr Portuges, wer ist derjenige, welcher Ihnen so grausam das Herz aus dem Leibe gerissen, und Sie gezwungen hat die Jesuiten mit ihrer Feder zu verfolgen ? Das muß wohl noch ein ärgerer Jesuitenfeind, als sie selbst, gewesen seyn. Doch nein : ich will es gewisser errathen, als Sie es mir sagen würden. Diese ihre

Her-

Herzensquaal hat Ihnen verursachet ein Stral der Vernunft, welcher Sie unter den dicken Finsternissen ihrer Leidenschaft noch je zuweilen erleuchtet, und wider ihren Willen der Gottlosigkeit überzeuget. Die Natur selbst hat Sie mit diesem Schrecken erschüttert, nicht, wie Sie dem Leser weis machen, über eine fremde, sondern über ihre eigene Bosheit. Das Gewissen hat dieses wilde Wetter in dem Herzen erwecket, welches Sie in einem Abgrund viehischen Zorns und Hasses verwandelt hatten. Im übrigen ist es eitel Lügenwerk, was Sie uns von ihrem Leidwesen und Schmerzen vormachen. Das Werk entdecket die wahren Gesinnungen seines Meisters, und bestraft ihn der Unwahrheit: das einzige Misfallen des Verfassers, wie er selbst in der letzten Anmerkung bekennet, besteht in dem, daß man sein Buch und andre gleiches Innhalts nicht fleißig genug lesen will.

Der dritte Umstand ihrer Entschuldigung betraf den öffentlichen Ruf, welcher die Mishandlungen der Jesuiten gar zu bekannt gemacht haben soll. Wenn dem also ist, was nützte dann ihre Schrift? Ist es nicht sehr lächerlich, mit großer Mühe unter das Volk zu bringen suchen, was jedermann schon vorhin weiß? Es ist eben so vernünftig, als wenn man ein Buch herausgeben wollte, mit vielem zu erweisen, daß es an dem Himmel Planeten, auf Erden Flüße, und in denselben Fische gebe. Was alle schon wissen, darf man nicht erst austrummeln. Allein der öffentliche Ruf von den Jesuiten ist nicht eine Entschuldigung für Sie, mein Herr, sondern ein Werk von Ihnen. Wer hat diesen Ruf ausgebreitet, als Sie mit ihren Anmerkungen? Wenn alle jene Unordnungen sich in der Gesellschaft wirklich befänden, so wäre dennoch lediglich und durchaus falsch, daß dieselben nach ihrem Vorgeben öffentlich sind. Kaum der tausendste Theil der Welt wußte, was unter den Jesuiten vorgieng. Was für einen Bericht hatte unser Europa von dem, was diesseits nicht nur eines Meeres in beyden Indien vorfiel? Etliche wenige, die es etwa ins besondre angieng, oder welche sich begierig mit neuen Zeitungen abgeben, konnten eine dunkle und ungewisse Nachricht erhalten haben: allen andern war von dieser und jener Wohnung der Jesuiten nicht ein Wort bekannt. Aufs höchste hätten die Anwesenden, und diese nicht alle, sammt einigen ungefähr davon belehrten, solche Fehler bemerket. Sie, mein Herr, haben in ihrer Schrift durch die ganze Welt Lärmen geblasen: Sie haben ge-

 macht,

macht, daß in und außer Europa alle Länder, alle Städte, alle Gemeinden, alle Häuser davon zu sagen wissen; und die Bauern in den Dörfern, die Jungen in den Kramläden, die Müssiggänger auf den Plätzen, die Mägde in den Arbeitstuben nachzwitzern, was wider die Gesellschaft der Portuges in seinen Anmerkungen vorgesungen. Ich überweise Sie durch ihren eigenen Mund. Erinneren Sie sich, daß Sie den P. General der Jesuiten als einfältig ausgeschrieen, dieweil er die Rechtfertigung seines Ordens bey dem heiligen Stuhle anhängig gemacht: denn, sprechen Sie (IX Anmerk.) **klüger hätte er zu allen diesen Dingen geschwiegen, und sich mit der Hoffnung getröstet, es werde niemand seyn, welcher fremden Händeln nachsagen, die alten Schriften aus den Gräbern der Bibliotheken zusammen suchen, und seine Augen darüber verlieren wolle.** Der P. General ist ihrer Meynung nach unverständig, da er unbekannte, verschimmelte, und längst begrabene Händel wider an das Licht hervor gezogen, und vor den heiligen Stuhl gebracht. Herr Portuges! ist der P. General einmal einfältig, so sind Sie es zehn- und hundertfach. Haben Sie nicht eben diese unbekannte, verschimmelte, und längst begrabene Händel an das Licht hervor gezogen, und solche Sachen, welche Sie nichts angiengen, nicht vor den päbstlichen Stuhl, sondern vor die ganze Welt gebracht? Diese Händel waren allenthalben fremd: und Sie, mein Herr, haben dieselben in allen Ländern naturalisiret. Sie waren alt: durch Sie sind dieselben wieder jung geworden. Sie waren in den Archiven begraben, und versiegelt worden: die Kunst eines Portugesen hat die heiligsten Siegel zu erbrechen gewußt, und durch ein politisches Wunderwerk die armen Todten wider ihren Willen zum Leben erwecket. Ja seine Hand hat sie nagelneu herausgekleidet, und ihnen so viel neues beygesetzet, daß sie eigentlich sein Werk, und größtentheils sein Geschöpf genannt werden können.

Es dienet Ihnen auch zur Entschuldigung nicht, daß Sie weder der erste, noch der einzige sind, der wider die Jesuiten losgezogen. Eben darum, wenn andere diesen Geistlichen schon den Garaus gemacht, was brauchte man dann ihren Degen, den sie so geschäftig an den armen Leichnamen wetzen? Waren etwa nicht Henker vor Ihnen aufgestanden? Hatten dieselben nicht die Grausamkeit schon so weit getrieben, daß ihr Eisen, mein Herr, kaum einen Platz mehr für neue Wunden ge-

gefunden? Sie merken nicht, daß die Anzahl ihrer Vorgänger für Sie mehr eine Beschuldigung als Entschuldigung sey; denn, wer ein neues Loch in den Dam̃ reißt, der machet ja die Ueberschwemmung noch größer. Im übrigen, die Sache deutlich zu sagen, haben Sie sich durch ihre Arbeit in ein schönes Register gesetzet, und gewißlich unter die edelsten Schriftsteller eines erhabenen Ranges gemischet. Ich verstehe Sie. Wer die Fähigkeit nicht besitzt, etwas kluges und nutzliches zu erfinden, und dennoch gern ein Bücherschreiber werden möchte; der lasse sich immer bey der löblichen Zunft der Satyrendichter aufdingen. Hat es doch der berufene Herostratus auch nicht anders gemacht: weil sein Degen zu stumpf war, befand er für gut, nach der Fackel zu greifen, und ein Wunderwerk der Welt einzuäschern, damit doch bey den Nachkömmlingen von ihm auch was großes zu erzählen übrig bliebe. Ich kann aber glauben, daß eben das Beyspiel so vieler Vorgänger Ihnen Muth gemacht zu schreiben, und ohne Furcht der Schuld oder Bestrafung zuschreiben. Jedoch habe ich eine Frage an Sie. Sie wissen, wie jener Reisende zwischen Jerusalem und Jericho mit vielen Wunden übel zugerichtet, und halb tod auf der Strase liegen geblieben. Sagen Sie mir einmal, hätte ihm ein neuer Straßenrauber erlaubter Weise in Erblickung der vorigen Wunden neue und noch größere versetzen können? Hätte ihr theologischer Grundsatz erklecket, ihn zu rechtfertigen, wenn er seinen Vorgängern nachgefolget, und den guten Fremdling vollends fertig gemacht hätte? Ich will Sie selbst den Bescheid geben lassen, und mich inzwischen besinnen, ob Sie in der That nur ein Nachfolger fremder Verleumdungen, oder ein Erfinder neuer seyn. Lasset uns alle stachlichte Schriften wider die Gesellschaft auf einen Haufen zusammenlegen. Es giebt einen schönen Holzstoß ab, wenn wir auf einander häufen alle jene Zeitunglügner, alle frostige Poeten, alle Akademie-Verderber, alle Tractatesudler, alle halbe Geschichtschreiber, alle jene Aftergottesgelehrte, welche meistentheils ihr Bißchen Wissenschaft eben den Jesuiten zu danken haben, und in ihren Schulen zu Menschen geworden sind; und mit mehr dann viehischer Undankbarkeit wider diesen Orden brauchen, was sie von ihm bekommen haben, und ihn mit Abhandlungen, mit Sendschreiben, mit Strafgedichten, mit Liedern, und tausend andern heldenmäßigen Steckenreutereyen zu beschimpfen gesuchet. Lasset uns, sage ich, dieses ganze Heer auf einen Sammelplatz stellen. Meine Betrachtung darüber ist folgende. Entweder haben diese nicht überhaupt die ganze Aufführung aller Jesuiten, sondern nur die Lehren einiger angefochten: oder sie haben sich nur mit einem und andern Histörchen lustig gemacht: oder nach Art der neugebohrnen Witzlinge die Lehrart und Schulbänke der Jesuiten fleißig abgestaubet und erschrecklich zersplittert, aber hiedurch den Körper des Ordens nicht verwundet. Noch keiner aus allen hat so methodisch gelogen, keiner solchen Fleiß angewandt, keiner so boshaft von dem Ehrabschneiden Profession gemacht, daß er mit Ihnen, mein Herr, in Vergleich kommen könnte. Für Muster können uns dienen unter so vielen andern die sogenannte **Republik der Jesuiten, das Kreisschreiben**, und dergleichen Meisterstücke ungehobelter und astiger Schriftsteller, welche durch ihre rauhe Schreibart, durch die unrichtige Eintheilung, durch die widersprechenden Anführungen, durch die Unwissenheit der Begebenheiten, durch den gestümmelten und unvollkommenen Umfang des ganzen Werkleins öffentlich das Kennzeichen jener Rotte herumtragen, welche ihre Tauschereyen ums Geld feil bietet, und sich von gewissen übelgesinnten Pharisäern einer Synagog wider die Jesuiten in Sold nehmen lasset.

Allein man darf nur ihr Buch aufschlagen, Herr Portuges, so sieht man, wie weit dasselbe ganz allein alle wider diese geistlichen jemals hingeschmierte Schmähschriften übertreffe. Was für Beschuldigungen könnten Sie noch darüber ersinnen? Was für wichtigere Verbrechen wollten Sie den armen Jesuiten in Zukunft über den Hals laden, als schon diejenigen sind, durch welche Sie, besonders in der XV Anmerkung, sowohl die Lehren als Sitten derselben mit den übertriebnesten Ausdrükungen schwarz gemacht? Sie erstrecken sich darinn über alle Zeiten, über alle Umstände. Stand, Zufall, Fehltritt, Verdienst, Tugend, kurz, alles muß ohne Unterscheid und Gnade über die Klinge. Was die Jesuiten immer thun oder gethan haben, das ist bey Ihnen übel gethan: alles zweifelhafte schildern Sie nach der schlimmern Seite. Das Gute verurtheilen Sie, wie das Böse, und über alle Jesuiten insgesammt, über alle Handlungen derselben sprechen Sie ohne Barmherzigkeit das Todesurtheil. Nun möchte ich die Schrift sehen, welche mehr und ärgere Dinge in sich hielte, als in den portugesischen Anmerkungen sind. Anderer überwitzigen Ehrenschänder Abhandlungen machen meines Bedunkens kein grösseres Aufsehen, als jene armselig und langsam auf dem Boden herschleichende Würmlein, welche mit den Füßen zertreten und zerquetschet werden, ohne daß man sie wahrnimmt. Aber ihr Buch, Herr Portuges, könnte man wohl billig mit jenem großen Gefäße voll rasender und giftiger Nattern und aller unreinen Thiere vergleichen, wovon in den Geschichten der Apostel (X, 11) Meldung geschieht. Denn ist wohl dieß ganze Heldenwerk was anders, als eine Schwindgrube ihrer eigenen und fremder Lästerungen, folglich eine Pfütze aller Unreinigkeiten! Ich will es klärer sagen. Ihr Brief ist eine Sammlung dessen, was allen bissigen Schandblättern, die bis auf diesen Augenblick wider die Gesellschaft ans Taglicht gekommen, an Heftigkeit, Bosheit und Nachdrucke zu einem vollständigen Gebäude noch gefehlet hatte. Jetzt, Herr Portuges, verstecken Sie ihren Schalk nur immerhin unter dem Vorwande des öffentlichen Rufes, oder rechtfertigen Sie ihn mit dem Beyspiele ihrer Vorgänger. Nun, mein hochtheologischer Herr! in welcher Schule gedächten Sie doch den wunderthätigen Gottesgelehrten anzutreffen, welcher ihre Anmerkungen als ein erlaubtes, ehrliches, vernünftiges Buch ansehen, und die so billige Angst ihres Gewissens mit ihrem hübschen Grundsatze beruhigen könnte? Oder empfinden Sie vielleicht keine Unruhe? O so bedaure ich die Blindheit ihrer Leidenschaft, welche Ihnen schmeichelt, Sie hätten der Welt ein Meisterstück von der höchsten Vollkommenheit geliefert; da doch ihre Arbeit, überhaupt zu reden, bey allen angeführten Scheingründen und Entschuldigungen, nichts als ein verbothenes, gottloses, unvernünftiges, göttlichen und menschlichen Gesetzen zuwider laufendes Buch bleibt.

III Hauptstück.

Die Anmerkungen sind ein ehrenrühriges Buch.

Nun kommen wir aufs dichte, und auf den rechten Kern meiner Beantwortung, Herr Portuges. Was gedenken Sie, daß jemand, welcher kein Jesuit ist, sich die Mühe giebt, ihre Erzählungen und Sätze wider die Jesuiten zu prüfen und auf den Musterplatz zu stellen? Ja, ihre Mannschaft welche Sie auf die Jesuiten losrucken lassen, ist mir nicht blos verdächtig, sondern ich wette wohl gar, sie besteht, wo nicht ganz doch größtentheils aus Gespenstern und eiteln Blendwerken. Geben sie acht, wie ich selbe verbannen will. Sonst heißt es: wer einmal der Unwahrheit überwiesen worden, dem glaubet man die Wahrheit nicht mehr. Ueber diesen Satz sind wir beyde vollkommen eins. Wenn ich nun Lust hätte, alle Winkel und Ecke ihrer Festungwerke zu durchsuchen, so würde ich wohl alle Augenblicke neue Blendungen gewahr werden. Doch erschrecken Sie nicht: diese halsbrechende Arbeit überlasse ich gern einem andern, dem es etwa bequemer fallt, eine ungeheure Anzahl Bücher zu durchblättern, und eine ganze Bibliothek davon in die Presse zu geben. Die Jesuiten selbst würden sich bedanken, wofern sie ihre beßten Leuthe von nützlichern Verrichtungen abziehen, und über die Entblößung der römisch- portugesischen Betriegereyen die fähigsten Köpfe zerreißen sollten. Ich will aber noch gütiger seyn. Ich lasse Ihnen unterdessen, bis auf eine andere Gelegenheit, die zwo entsetzlichsten Beschuldigungen, betreffend die Händel von Portugall, nämlich die Empörung und die Handelschaft der Jesuiten (XIII Anmerk.) im Hinterhalte stehen; und mache mich nur an den übrigen Haufen. Vor allem frage ich Sie auf ihr Gewissen, können Sie einem vernünftigen Menschen, geschweige dann einem Gelehrten so viel Einfalt und Unwissenheit zumuthen, daß er nicht wahrnehmen sollte, was weiß und schwarz, wahr und falsch, glaubwürdig und unwahrscheinlich sey? Sie mögen meinethalben ein Portuges, oder ein Römer, oder wohl gar ein Arkadier seyn: Sie werden einmal gewiß keiner Seele begreiflich machen, wer Sie doch von so viel Begebenheiten, von so viel Vorfällen, welche sich von Aufrichtung der Gesellschaft bis auf diese Stunde ereignet haben, von so viel Materien, von so viel abgesonderten und entlegenen Oertern, von so viel Collegien und Schulhäusern so genau berichtet habe. Man sollte glauben, Sie hätten schon seit des heiligen Ignatii Zeiten an, wenigstens drey Welt- Theile durchlaufen, und alle Lebensbeschreibungen, alle Denkmaale so vieler tausend Geistlichen, die sich zu diesem Orden noch jemals bekannt haben, aufgesucht und zusammen gesammlet. Oder soll ich mich etwa gar bereden lassen, Sie seyn selbst ein abgedankter Jesuit, daß Sie sich, vielleicht der Gesellschaft zum Trotze, so herzlich beeifern, die darinn erhaschten Urkunden und die

auf-

aufgefangenen Heimlichkeiten der ganzen Welt zu verkündigen ? Nein: dieß wäre ein neues Gespenst, welches eben so wenig Stich hielte, als alle die übrigen. Denn Sie selbst wissen mir keine andere Geschicht aufzuweisen, die von Jesuiten verfasset wäre, und ihren Orden beträfe, als die sogenannte Abbildung des ersten Jahrhunderts. Eben diese aber gereichet den Jesuiten zum Ruhme, und nicht zur Schande. Ja, ich gestehe es, Sie führen Bücher an, Sie bringen Zeugen, Sie brüsten sich mit Schriftstellern, Sie nenen uns Personen, Sie deuten uns auch auf die Stellen. Allein, mit Erlaubniß, Herr Portuges, man sollte doch sehen, ob das, was Sie uns vorsagen, wirklich in den angeführten Büchern sey; ob es in denselben eben das Absehen, eben den Verstand habe, dessen Sie uns versichern; ob es sich mit den Umständen reime; ob sie uns die Personen ohne Maske dargestellet, oder nur mit unterschobenen eine Komödie gespielt haben. Wie muß ich aber erst ihr Gedächtniß und ihre Zeitung-Wissenschaft bewundern! Die alleraltesten Begebenheiten haben sie so frisch im Kopfe, als wenn Sie denselben durchgehends beygewohnet hätten; und die neuen wissen Sie mit den sonderbarsten Umständen auf den Fingern herzusagen. Fürwahr ein scharfsichtiger Geist! Sie geben mir in dem Anhange zu ihren Anmerkungen einige Beyspiele von Neuigkeiten, dergleichen ich von Ihnen nimmermehr vermuthet hätte. Sie sagen, sobald das Gericht von der Verwundung seiner portugesischen Majestät in Wien erschollen, habe der päbstliche Gesandte den Rector der Jesuiten zu sich berufen, und mit aller Schärfe erinnert, er sollte ja nicht zugeben, daß seinen untergebnen Geistlichen ein unanständiges Wort wider die Person des allergetreuesten Königs entführe. Sie sagen, der P. Rector zu Parma habe zu gleicher Zeit dem Bischofe daselbst die Zeitung von dem Tode dieses Monarchen mit großem Frolocken hinterbracht; zu Rom habe ein Jesuit in einem gewissen Hause ganz ohne Maaß und Bescheidenheit davon gesprochen; ein anderer habe es noch ärger in andre Landschaften hingeschrieben; und hundert andre dergleichen evangelische Wahrheiten. Ey Sie müssen doch an allen Orten und Enden ihre Curriere halten, durch welche Sie so geschwind so umständlich hinter die seltsamsten Vorfälle, hinter die geheimsten Reden, ja hinter die verborgensten Gedanken kommen. Denn sollen Sie wohl so ungewisse Dinge aufs bloße Hörensagen für Wahrheiten gekaufet und verkaufet haben? Indessen kann ich, im Ernste zureden, nichts anders schließen, als daß Sie, wie ein erpichter Spion, in alle Winkel schliefen, alle Gassen durchlauschen, alle Caffeehäuser besuchen, in alle Gesellschaften einschleichen, durch ihr Gedrösch andern die Zunge lösen, die einfältigsten Mähren zu Wahrheiten machen, den Neuigkeiten tausend Gestalten und Zusätze geben, alle Einfälle eines Spottvogels für Göttersprüche annehmen, und mit dem elenden Geschnader eines müßiger Schwätzers die Zeit vertreiben. Wie gefallt Ihnen diese Schilderung? Herr Portuges! Aber nein: ich will Ihnen noch zur Gnade das Bißchen Glanz eines gelehrten Betriegers lassen. Sie bleiben also wohl noch jetzt, was Sie in dem vorigen Hauptstücke gewesen; nämlich ein Sammler und weitläufiger Vermehrer aller der giftigen, tadelsüchtigen, und verleumderischen Hirngespinnst wider die Jesuiten, womit noch immer ein Betrieger der Welt einen Nebel gemacht. Kommt Ihnen auch irgendwo ein Buch in die Hand, welches für die Jesuiten das Wort führet, und Ihnen die Röthe ins Gesicht treibet, so strafen Sie es Lügen, verlaugnen oder erdichten die Umstände, und spielen einen Ausleger von unerhörter Einsicht: kurz, Sie verzerren und balgen das arme Buch, wie ein Puritan das Evangelium. Und gleichwohl verlangen Sie, die ganze Welt solle auf ihren portugesischen Alkoran schwören? Doch diese Kleinigkeitn bey Seite! Es sind noch größere Blendwerke übrig. Was gilts, Sie müssen mir selbst gestehen, daß Sie ein Erzbetrieger sind. Ich bedarf keines andern Beweises, als den mir die ganze Einrichtung ihres Buches vorlegt: welche hauptsächlich dahin abzielet, daß sie den Leuten einen ganz abenteuerlichen Begriff von dem Orden der Jesuiten in den Kopf bringe. Sie nehmen hiebey zween artige Sätze zu Grundsäulen. Erstlich sind alle Fehler und Verseh n einzelner Jesuiten nichts anders, als **der arge und boshafte Geist der ganzen Gesellschaft überhaupt.** Eine saubere Philosophie! König Saul war ein schlimmer Geist: also bestund das ganze Volk GOTTES aus schlimmen Geistern. Solchergestalt wollen Sie uns diesen Orden nicht mehr als eine verbrüderte Anzahl Diener GOTTES, sondern als eine Brut der abscheulichsten Schwärmer vorstellen. Der andere Grundsatz hingegen lautet also: Auch jene Handlungen der Jesuiten, welche ihrer Natur nach gut sind, **haben den Geist der Andacht, des Eifers, der brüderlichen Liebe und der Heiligkeit nimmermehr.** Wiederum vortrefflich! gerad als wenn man den Geist Israels durchaus pharisäisch nennen wollte. Wer sieht aber nicht ihr schalkhaftes Absehen, die Gesellschaft nicht als einen Körper von redlichen und werkthätigen Arbeitern im Weinberge

berge des HErrn, sondern als ein leeres Schattenwerk eines Ordens vorzuschildern? Dieß sind nun die zwo Ketten, womit ihre Gespenster so fürchterlich poltern. Wer Augen hat, sey mir Zeug, wie hell die Falschheit und Bosheit dieser zween Sätze an Tag kommen wird. Wir wollen gleich mit dem letztern die Hetze anfangen. Mit welcher Lebhaftigkeit legen Sie uns die an sich selbst löblichen Werke und Bemühungen der Jesuiten in der letzten Anmerkung stückweise vor! die Gebäude, die Kirchen, den Schmuck der Altäre, die Gottesdienste, die Schulen, die Wohnungen, die Predigen, die Missionen, die Uebungen des Geistes, die Verbrüderungen, die Bethhäuser, und hundert andere Dinge, welche die Ehre GOTTES und das gemeine Beßte zum Gegenstande haben. Allein so schön auch dieß alles seyn mag, so ist es doch, der XI, und XXI Anmerkung zu Folge, nichts als Außenschein, Heucheley, Pracht, Eitelkeit: mit einem Worte, es sind lauter Werke der Habsucht und des Eigennutzes. Geben Sie acht, Herr Portuges, Sie fallen in ihr eignes Netz! haben Sie ein so außerordentliches Gedächtniß, und wissen nicht mehr, daß Sie (in der I Anmerkung) gesagt hatten, GOTT allein sey der unfehlbare Zeug des Herzens? Ja noch in der XV Anmerkung beharren Sie darauf, da sie das Urtheil über das Innerliche der Jesuiten GOTT allein überlassen: GOTT urtheile von dem Innerlichen: unser Ausspruch erstrecket sich bloß über das Aeußerliche. Ganz recht. Aber alle Handlungen derselben aus so lasterhaften und verdammlichen Absichten herleiten, heißt das nicht die geheimsten Riegel des Gemüthes aufbrechen, und GOTT, welcher allein Herz und Nieren durchspüret, den unverantwortlichsten Eingriff thun? Sie wollen nicht urtheilen: da Sie inzwischen, wie ein Absalon, vor der Stadtpforte sitzen, und eben so viel Aussprüche erschallen lassen, so viel es verborgene Gedanken, Absichten, und Bestrebungen unter den Jesuiten geben mag? Heraus nun aus dem Irrgarten ihres Widerspruches, wenn Sie Herz haben! vertuschen Sie nun ihre Falschheiten, wenn Sie im Stande sind.

Wollen Sie sagen, es sey hierinn eine Ausnahme zu machen, wenn das wenige Gute mit so viel Bösem vereiniget sey, als sichs bey den Jesuiten zutrage: so kommen Sie abermal nicht durch. Die Aufsicht über die Herzen hat sich GOTT auf ewig und für alle Umstände vorbehalten. Und zudem, sind Sie dann ein Kind, welches nicht weiß, daß ein und derselbe Mensch bald gerecht, bald heuchlerisch handeln; und folglich in einigen Stücken zu loben, in andern zu schelten seyn könne? Der Heiland selbst beurtheilet die Pharisäer (Matth. XXIII, 3) ganz anders, als Sie mein Herr, gethan haben würden. Er nennet dieselben überhaupt Heuchler, und verfluchet ihre Scheinheiligkeit; aber in einem andern Stücke laßt er ihnen Recht widerfahren. Er verdammet zwar ihre Beyspiele, rühmet aber beynebens die Lehre an. Gesetzt nun, viele von den ausgedachten Beschuldigungen der Jesuiten hätten einen Grund, mit welcher Stirne wagen Sie sich, auch den guten und löblichen Bemühungen derselben das Wesen wegzulaugnen; nur weil sie mit einigen Ausschweifungen vergesellschaftet sind? Kann sich jemand unter den Sterblichen eines bessern Schicksales rühmen? Ist eine Gemeinde unter der Sonne so glückselig, daß die Tugenden ihrer Glieder ganz ohne Flecken seyn? Allein ich habe hier nicht Ursache, mich um das Thun und Lassen einzelner Jesuiten, oder besondrer Collegien zu bekümmern. Nein: dieß hieße meinen vorgesteckten Endzweck verfehlen. Wie soll ich mir aber auf dem Erdboden einen so treulosen Lügner zu Sinne kommen lassen, welcher sich unterfanget, aus dem ganzen Ordensgeiste Heucheley und Eitelkeit zu machen? Herr Portuges! warum eignen Sie nicht auch der ganzen Kirche einen boshaften und nichtswürdigen Geist zu, da sie ebenfalls darinn nicht wenig lahme, unnütze, und faule Glieder erblicken? Ich lasse Ihnen Zeit, zu bedenken, was Sie mir auf diese Frage antworten wollen; und berufe mich unterdessen, den wahren Eifer und gottseligen Geist der Gesellschaft JESU außer Zweifel zu setzen, lediglich auf die Bestrebungen unzähliger Geistlichen, auf ihren Schweiß, auf tausend Mühseligkeiten, welche sie mit unermüdeter Gelassenheit ausdauren. Sie vergrauen über den Büchern, sie zehren sich unter den Schülern aus, sie laufen durch Berg und Thäler, eine Seele zu gewinnen, sie schlagen Bequemlichkeit, Gesundheit, ja Blut und Leben zum Heile eines verstockten Sünders in die Schanze. Und welchen Ueberfluß von Segen und Belohnung sehen wir nicht täglich bey ihrer Mühe, wenn wir nur die unglaublichen, zahlreichen, beständigen und erstaunenswürdigen Seelenfrüchte davon ohne Vorurtheil betrachten wollen! Wohlan, Herr Portuges! was bedunkt Sie? Wo Personen, welche größtentheils eine erhabene Geburt zu den Weltfreuden bestimmet hatte, sich von freyen Stücken aller weltlichen Vortheile entschlagen, und ihr ganzes Leben dem Gehorsame, und dem unentgänglichen Willen ihrer Vorgesetzten aufopfern: lasset sich da wohl ein Heuchelgeist vermuthen, der nach dem Schimmer der Tugend stöhnet, und die Beschwerlichkeit derselben verabscheuet? Ein Pharisäer ladet andern unerträgliche Lasten auf (Math. XXIII, 4) die er aber selbst mit keinem Finger berühret. Dieß sind Proben des wahren Eifers der Jesuiten, und nicht jene, welche Sie, mein Herr, durch Verrenkung des Verstandes aus der Abbildung des ersten Jahrhunderts ziehen, worüber ihre verschmitzte Schalkheit so geschäftig ist. Nein, von diesem Werke ist hier die Rede nicht. Denn ich sehe wohl, daß Sie den Jesuiten das Mistrauen der ganzen Welt allzu begierig über den Hals wünschen; und deßhalben wie ein ausgehüngerter Wolf auf alles zuschnappen, und was sich immer auf ihre boshafte Absichten zwingen laßt, ungekäut verschlingen.

Es war aber bey weitem nicht genug, daß Sie der ganzen Gesellschaft den Geist des Eifers und der Gottesfurcht absprachen: dafern Sie derselben nicht auch den Geist der Bosheit und Verkehrung beygeleget hätten. Wer kann ohne Erschütterung des Gemüthes ihr Buch, besonders die XI Anmerkung lesen, worinn Sie uns diesen Orden als ein Babel vormalen, welches so wohl den Lehrsätzen als Sitten nach in den Grund hinein verderbt, und gleichsam ein Aufenthalt neuer Glaubensschwärmer zu nennen sey? Großer GOTT! worauf gründen Sie doch ein so erschreckliches Ungeheuer? Wenn jemand ein ganzes Volk des Abfalles von der wahren Kirche, und folglich der Ketzerey überführen wollte, so müßte vor allen die durchgängige Gleichförmigkeit und Uebereinstimmung der Lehren und Meynungen, welche sich mit den Gesinnungen der Kirche nicht vertragen, außer Zweifel stehen: Ihnen aber, mein Herr, erklecken schon einige zusammengeraffte ganz besondere Begebenheiten einzelner Orte, Zeiten, und Personen, die Welt von dem Greuel eines ganzen Ordens zu versicheren. Was hilft es Ihnen, daß Sie auch in der That von einem und dem andern Jesuiten einige Unordnungen und grobe Ausschweifigkeiten beybringen? Wozu führen Sie uns so gar die Namen derselben, mit Umständen und Urkunden an? Beweisen Sie vielmehr den Irrthum und das entsetzliche Laster, wovon alle Jesuiten insgesammt, alle Collegien, der ganze Orden soll angesteckt seyn. Sey es, daß sich je zuweilen die Menschlichkeit in den Schriften und Sitten dieser Geistlichen verrathen habe: wie können Sie dann dererjenigen vergessen, welche im Gegen-

theile

theils den hundert und tausenden nach, theils für die Kirche geschrieben, und die catholischen Wahrheiten so ritterlich vertheidiget; theils mit Predigen, mit Beyspielen, ja mit ihrem Blute ganze Völker erbauet haben? Wer sollte Ihnen nun, mein Herr Portuges, noch ein Quintchen Vernunft zutrauen, da Sie mit der schamlosesten Dreistigkeit einen so weitschichtigen Orden in die Classe der Boswichte stellen, weil es ein kleiner, ja unsichtbarer Theil davon zu verdienen scheinet; und folglich Schuld und Unschuld mit solcher Thorheit in einem Feuer verbrennen? Erbärmlicher Philosoph! Hat Ihnen kein Schüler der Vernunftlehre noch jemals gesagt, daß ein besondrer Satz keinen Schluß auf den allgemeinen machen könne?

Allein ich trete Ihnen vielleicht zu nahe, wenn ich sage, Sie hätten den Jesuiten gar keine Ehre gelassen. In der That halten Sie (XI Anmerkung) eben nicht alle Jesuiten für schuldig. Sie gestehen, daß der P. General auf etliche, welche der Ketzerey mit Ruhme die Stirne gebothen, billig Staat machen könne: und endlich bringen Sie noch die Namen derer, welche das Glück haben, ihres Beyfalles würdig zu seyn. Unglückliche Ausflucht, wo alles von Hindernissen voll ist! vor allem machen Sie sich durch ihre Widersprüche selbst zum Lügner, und zeigen, wie sehr Ihnen die liebe Logik vonnöthen wäre. Ich bilde mir aber ein, diese Worte seyn Ihnen in die Feder gerathen zur Zeit, da etwa ein aufsteigender Funke der Vernunft den finstern Dampf ihrer Wuth auf ein paar Augenblicke durchstralete. Indessen sieht auch ein Blinder, was für ein armseliges Pflaster Sie durch diese Erklärung der Gesellschaft auf die Wunde legen: da Sie nur etliche, und zwar sehr wenige ausnehmen, die unzahlbare Menge der übrigen aber in ein ganzes Meer von Vorwürfen und Schande versenken. Es hat Ihnen nichts tauglicher geschienen, die Beschämung des ganzen Ordens aufs höchste zu treiben, als wenn Sie der Weitläufigkeit desselben eine so spöttlich geringe Anzahl rechtschaffener Männer entgegen stelleten. Und wie haben es eben diese um Sie verdienet, daß sie allein noch ehrliche Leute geblieben? Ich weiß es schon; weil entweder dieselben eine Meynung nach ihrem Kopfe, mein Herr, behauptet haben, oder weil Sie die Ehrerbiethung dem erhabenen Grade ihrer Heiligkeit nicht verweigern dürfen. wiewohl Sie es auch hier an nichts ermangeln lassen, was man von einem Manne, wie Sie sind, erwarten kann.

Denn nachdem Sie das Verzeichniß der Jesuitenheiligen um ein Paar kürzer gemacht, gehen Sie mit den übrigen so kümmerlich um, daß Sie vielmehr auf die Geringschätzung als auf den Ruhm derselben bedacht zu seyn scheinen. Und wenn es endlich auch unter den Jesuiten unsträfliche Männer giebt oder jemals gegeben hat, warum fahren Sie fort, die Gesellschaft derselben mit vollen Backen als boshaft und verkehrt auszuschreyen? Nein! suchen Sie einen bessern Weg, wenn Sie mit Ehren von der Stelle kommen wollen. Ihr gottloser Ausspruch ist darum nicht gehoben, daß die ganze Gesellschaft von einem falschen Geiste belebt sey, und folglich ohne Barmherzigkeit verfallen solle.

Doch reden Sie nur immer fort: ihr Tadeln bringt den Jesuiten Ehre. **Wer zu viel redet, redet zu wenig: wer zu viel erweisen will, erweiset nichts.** Wie herrlich klingt dieses Sprüchwort für die Gesellschaft! Sie, mein Herr Portuges, haben dieß Unglück mit allen Betriegern gemein, daß Sie sich mitten im Verkaufe ihrer boshaften Erdichtungen, unversehens in ihr eigenes Geweb verwickeln. Es entwischt Ihnen unter zehen Lügen bisweilen eine Wahrheit, welche allen Falschheiten auf einmal die Larve entreißt. Wie ergieng es Ihnen, zum Beyspiele, als Sie nach ihrem Begriffe von der Gesellschaft einen so schönen Abriß vortrugen: daß Sie in derselben die Tugend zum Fremdlinge, das Laster aber zum Eigenthümer machten? Sie wollen darinn alle Hauptlaster verbürgert wissen, und melden uns mit unverwandten Augen den Hochmuth, den Haß, die Rachgier, den Geiz: so bald aber die Reihe auf die dritte Todsünde kommen sollte, halt! da finden sich Schwierigkeiten. Sie wissen zwar auch hier von dem Falle eines Geistlichen dieses Ordens zu erzählen: allein weil ein einziges Exempel zu ihrem Vorhaben nicht hinreichen will, wagen Sie einen Sprung, und meynen alle Gräben auf einmal zu überhupfen. Sie wünschen, daß die Jesuiten in allen Stücken so rein wären, als in diesem: Sie müssen aber mit einem herzbrechenden Leidwesen das Uebergewicht auf der Gegenseite wahrnehmen. Wahrhaftig ein künstlicher Umschweif! Was gewinnen Sie aber damit? Nichts, als daß Sie zuletzt bekennen müssen, dieß ärgerliche Laster habe in die Gesellschaft keinen Zutritt. Aufs höchste getrauen Sie sich die Möglichkeit desselben zu behaupten, weil die Jesuiten (XV Anmerkung) auch **Menschen sind, wie andre.** Großen Dank, Herr Portuges! hier ist Ihnen die Wahrheit zum Lobe dieser Ordensgeistlichen recht zur guten Stunde abgedrungen worden. Was meynen Sie nun, daß sich aus ihrem Eingeständnisse über diesen Punct folgern lasse? Wären Sie der Mann, welcher nicht nur mit dem Munde, sondern im Werke selbst darthun könnte, wie erhaben und edel die Tugend der Keuschheit vor andern sey, und was dazu gehöre, diese kostbaren Lilien zu erhalten; so würde Sie der verwägne Schritt gereuen, womit sie der Gesellschaft einen falschen Geist aufgedrungen haben. Wenn die Jesuiten, man mag gleich alle überhaupt, oder einen jeden ins besondre nehmen, von dieser ungemeinen Tugend ein Beyspiel geben, so thun Sie in Wahrheit nichts geringes. Dieß ist ein Beyspiel, welches andere, wahre und ungeschminkte Tugenden zum wesentlichen Grunde, und nothwendigen Gefolge haben muß; ein Beyspiel, welches allein denjenigen die Schaale haltet, ja überwiegend wird, was Sie immer zur Verkleinerung der Gesellschaft aufzubringen wissen. Und wer ist so blind, daß er die vielfältigen Beyspiele ihrer unsträflichen Aufführung nicht sehen soll? einer Aufführung, welche nicht einmal den Schatten jenes Lasters vermuthen laßt, das unter Christen nicht soll genannt werden. Es ist meines Thuns nicht, die Jesuiten gegen andere Ordensleute zu halten. Denn was frage ich nach dem, was andre thun? Genug: kein Jesuit geht jemals allein: seine Spazierstunden sind ihm bestimmet, die Wege ziemlich entlegen, und die Verantwortung unvermeidlich, wenn er mit Sonnenuntergange nicht zu Hause ist. Man darf ihn nicht bey Schmausen, nicht bey Schauspielen, nicht auf dem Platze, nicht unter Lustgewölbern, nicht in Zechläden, nicht in unanständigen Häusern; sondern aufs höchste in dem Zimmer eines Großen, oder an einem Krankenbette suchen. Das immerwährende Studiren, und vorgeschriebene Gebeth erlaubet dem Müßiggange keine Minute. Kurz: die Zucht dieser wackern Ordensmänner ist unverbesserlich. Ja was Sie sich, Herr Portuges, am allermeisten zu merken haben, die Welt weiß, die Welt höret, die Welt sieht die bescheidene Eingezogenheit derselben mit eignen Augen. Noch mehr, sie versuchet und prüfet selbe so gar: und da sie dieß edle Gold in allen Gelegenheiten, in allen Collegien, in allen Städten unveränderlich findet, so wird sie überwiesen, daß in diesem Orden ein wahrer Geist, und eine wahre Tugend lebe. Dieß war eben der unschuldige Kunstgriff, wodurch die Gesellschaft, da sie noch fast in der Wiege lag, an Wachsthume, Vertrauen, und Hochachtung

aller

aller Stände so schnell und so erstaunlich zugenommen. Sie gewann dadurch den Zutritt zu allen Fürsten der Welt, die Gnade der größten Höfe auf Erden, die Zuneigung des Adels, der Gelehrten, des Pöbels. Sie machte sich das Herz der Reichen ohne einzige Gegenpflicht dergestalt unterwürfig, daß sie durch freywillige Mittheilung ihrer Einkünfte zu einem Glanze und zu einer Hoheit gelanget ist, welche in catholischen Gemüthern Bewunderung, in unsern übelgesinnten Gegnern einen tödlichen Neid erwecket hat. Ist nun die Tugend derselben nur Heucheley, Herr Portuges? Streifen etwa die Jesuiten als eine verdächtige Bettlerbande ohne Schutz, ohne Mittel, ohne Dach und Fach auf dem Erdkreise herum? Schwätzen sie etwa einer betrognen Wittwe, wie die Pharisäer (Matth. XXIII. 14) ihr Stücklein Brod ab? ꝛc. Machen Sie, Herr Portuges, die Jesuiten so schwarz, als Sie wollen: es bleibt doch in Ewigkeit wahr, daß sich in diesem Orden allezeit größtentheils Leute von großem Verstande, von großer Klugheit, von großer Gelehrsamkeit, und von einem heiligen Lebenswandel gefunden haben, und noch in Zukunft finden werden. Wenn Sie mir nicht glauben, fragen Sie nur ganze Länder, die entlegensten Städte, die berühmtesten Universitäten: ob Sie gleich die Sorbonne (XI Anmerkung) gern wider die Jesuiten mit in den Krieg verwickeln möchten. Nur schade für Sie, mein Herr, daß weder dieselbe, noch sonst irgend eine hohe Schule in dem Verstande geredet hat, wie Sie uns einzubilden suchen: da Sie alle Worte von andern, welche etwa einen besondern Vorfall zum Augenmerke haben, als allgemeine Grundwahrheiten canonisiren. Eben auf solche Weise machet es ein hungriger Hund, welcher von einem Winkel, von einem Unflathe in den andern fahrt, allen Unrath durchwühlet, alle Beine zerkäuet, und damit sein Gedärm anschoppet: bis er endlich die scheußlichen Leckenbißchen in einer Masse wiederum von sich giebt. Nun lasse ich die ganze Welt urtheilen, ob alle die Waffen, womit mein Herr Portuges die Jesuiten auf die Haut zu legen gedenket, was anders seyn, als Betriegereyen, Blendwerke und Wirkungen einer tobenden Tadelsucht. Die einzige Vermessenheit, womit Sie die Gesellschaft des wahren Geistes berauben, und eines boshaften bezüchtigen, ist vor aller Menschen Augen ein überzeugender Beweis, daß ihre Anmerkungen, Herr Portuges, ein Zusammenfluß der dichtesten Betrüge, und ein Gebäu der gröbsten Verleumdungen, kurz, ein ehrenrühriges Buch seyn.

IV Hauptstück.

Die Anmerkungen sind ein grausames Buch.

Daß ein Mensch, wo nicht sein Wesen, doch die Gestalt eines Menschen verlohren, Klauen und Zähne eines wilden Thieres angenommen, und wie ein Ochs auf allen vieren Gras gefressen; das ist ein Wunder, welches wir im Buche Daniels (VI, 25) ausführlich lesen können. Daß aber im Gegentheile ein grimmiger Wolf sich jemals ein menschliches Angesicht gestaltet, menschliche Gliedmaaßen gezeiget, ja menschliche Kleider nach der neuesten Mode getragen habe: das würde ich mein Leben lang für eine Chymäre, und für das Geschöpf eines taumelnden Schwindelhirns gehalten haben, wofern nicht Sie, mein Herr Portuges, mich auf bessere Gedanken gebracht hätten. Denn wer sollte nicht schwören, Sie wären ein Mensch, wenn man das Mitleiden, den gottseligen Eifer, die Menschenliebe auf der Stirne, in den Augen, ja im ganzen Angesichte abgezeichnet sieht? Allein erst der Ausgang lehret mich, was für Gift und Galle unterdessen ihr treuloses Herz wider die Jesuiten kochet. Die Absichten ihres unvergleichlichen Briefes sind die schönsten von der Welt: **alle nur mögliche Schande der Jesuiten, die Entblößung ihrer zeitlichen Güter, der Umsturz und die Vertilgung ihres Ordens**: lauter Vorschläge, welche den thierischen Geifer der Grausamkeit auf jeder Sylbe blicken lassen. Da ich nun den ersten Pfeil, welcher auf die Ehre der Jesuiten losgeht, auffangen will, sollte ich wissen, ob Sie, mein Herr, noch so viel Gehirn im Kopfe tragen, daß Sie von dem Werthe des guten Namens nur einen leidlichen Begriff haben. Bis Sie mir aus dem Zweifel helfen, will ich hoffen, ihre Gesinnungen werden mit der ganzen Welt ihren einstimmig seyn. Hat nun ein Mensch diesen zu Folge in seinem Leben nichts schätzenswürdigers, als den ehrlichen Namen: was muß dann von einer ganzen Gemeinde, von einem Orden zu denken seyn, welcher demselben Unterhalt, Aufnahme, und Unterstützung lediglich zu verdanken hat; und ohne denselben ein Schiff ohne Ruder, ein Weinstock ohne Stütze, und ein Acker ohne Früchte heißen mag?

GOTT

GOTT selbst ist für seine eigene Ehre allezeit ein strenger Eiferer, für die Ehre der Menschen aber ein so sorgfältiger Handhaber und Rächer gewesen, daß er eines Theils einem jeden das deutlichste Geboth ins Herz geschrieben, sich seines guten Namens anzunehmen, anderntheils auf die Schändung desselben die empfindlichsten Bestrafung geschlagen hat: da der göttliche Richter von keiner Verzeihung weiß, es sey dann die entwandte Ehre bis auf ein Haar zuruckgestellet. Wie soll ich nun dieses mit der Verwägenheit reimen, womit Sie, mein Herr, auf den Namen eines so ehrwürdigen Ordens ganz rasend losrennen? Sie geben mir hierauf (XII Anmerk.) zur Antwort, die schimmerende Hochachtung der Jesuiten sey bey nahe schon mit ihrem Stifter dem heiligen Ignatio zu Grabe gegangen; und es nehme Sie Wunder, daß sich der P. General dessen allererst in seiner Bittschrift, und nicht schon vorhin erinnert habe. Glück zu, Herr Portuges, wenn diese Rechtfertigung probmäßig ist! Aber wie sind Sie schon wiederum so vergessig? Führen Sie nicht anderswo die bittersten Klagen, die Jesuiten wären so mächtig, an den Höfen so beliebt, von dem Volke so angesehen, daß man mit der Zeit billig nichts gutes davon zu befahren hätte? Sehen Sie nicht, wie in ihren Reden alles bund über Eck und ins Creuz geht? Allein stellen Sie sich die Gesellschaft auch in einer allgemeinen Geringschätzung vor: ist dieß Glück wohl so groß, daß Sie und andere Herren von ihrem Schrote so spissige Augen darauf machen därfen? Wenn der Orden schon ehe in aller Welt Angesichte so klein ist, warum lassen Sie sich die Verkleinerung desselben so sehr angelegen seyn? Ist es nicht eine unnütze Arbeit? Mit welcher bezauberenden Lust lecken Sie doch immerfort die blutigen Lippen, welche Sie mit dem Fleische einer erlegten Beute gelabet haben? Oder hätten Sie wohl die Jesuiten ärger mishandeln können, als Sie wirklich gethan haben, gesetzt, Sie wären kein Mensch, sondern ein hyrkanisches Tiegerthier? Sie haben dieselben nicht nur geschlagen und verwundet, sondern zerrissen, zerhauen, zerschnitten, und aus einem so zahlreichen Orden jenes fürchterliche Feld des Propheten Ezechiel (XXXVII) gebildet, wo Todtenkörper, dürre Gerippe, und zerstreute Gebeine auf einem unermeßlichen Haufen in der entsetzlichsten Verwirrung durcheinander liegen. Ach Himmel! einer solchen Grausamkeit ist niemand fähig, der nicht unter den Bären gebohren, erzogen, gesäuget, und ernähret wor-

worden; und von der Menschlichkeit, geschweige dann von der christlichen Liebe und Gerechtigkeit, keinen Funken in seiner Brust empfindet. Wenn ich Ihnen noch alle erdenkliche Gütigkeit widerfahren lasse, so muß ich wenigstens glauben, Sie denken von der Wichtigkeit so wohl ihrer eigenen, als fremder Ehre nicht viel besser, dann ein Esel von der Laute. Zwar was von ihrer Person zu halten sey, das bekümmert mich wenig: aber Leute von gutem Stande und von einiger Ehrliebe messen in Worten und Werken jeden Schritt ab, damit sie ja nicht in Gefahr laufen, ihrer Hochachtung den geringsten Abbruch zu thun. Nun beherzigen Sie selbst, Herr Portuges, die außerordentlichen Muster der Bescheidenheit, womit Personen des erhabensten Ranges die Ehre der Gesellschaft nach ihrem Berichte auch bey diesen kützlichsten Zeiten zu schonen gesuchet. Seine portugesische Majestät haben (I Anmerk.) wider die Jesuiten keinen Befehl, keine Erklärung, keinen Proceß kund gemacht; sondern die Sache bloß an den heiligen Stuhl gelangen lassen. Ja dieser großmüthige Fürst befahl (V Anmerkung) in dem gedruckten Urtheile die Abhörung der Zeugen wider diese Geistlichen in der Stadt Porto auszulassen, um die armen Beklagten nicht weiter in Schande zu bringen: hundert andere Vorsichten und Behutsamkeiten zu geschweigen, womit er sich dergestalt befliß, dem guten Namen der Gesellschaft, so wenig es nur immer möglich war, wehe zu thun, daß es Pabst Benedict XIV als ein Wunder der Gnade und Großmuth ansehen mußte. Seine Eminenz der hochselige Patriarch von Lisabon, von dessen preiswürdigen Verfahren mit den Jesuiten in ihren Anmerkungen (V, und XXI) doppelte Meldung geschieht, stellte zwar diesen Geistlichen kurz vor seinem Hintritte wenigstens zu Lisabon das Predigen und Beichthören ein, und ließ das Verboth öffentlich anschlagen: allein die Bewegursachen davon blieben dazumal so wohl Ihnen, der Sie ein portugesisch gekleideter Italiäner sind, als dem ganzen Königreiche Portugall ein Räthsel. Und was hat doch immer der Cardinal Saldanha in allen portugesischen Collegien der Jesuiten zu ändern gefunden, als er zur Untersuchung derselben dahin abgesandt worden? Gewisse Verordnungen, die ihre vorgegebne Handelschaft betrafen waren alles, was er für nöthig hielt. Im übrigen bezeugte er über ihren Wandel eine große Zufriedenheit. Was soll ich nun von Ihnen denken, mein Herr? Hat das Beyspiel eines Monarchen, welcher auf der Schaubühne der jesuitischen Vorfälle die allerwichtigste Person vertrat; hat das Muster zweener Fürsten der Kirche, welchen in diesen Angelegenheiten so schwere und sonderbare Lasten auf dem Gewissen lagen, in ihr Herz den mindesten Eindruck gemacht? Hat Ihnen zum wenigsten das Exempel des römischen Stuhles selbst ein Gebiß zwischen die geifervollen Zähne geleget? Nein: sondern eben die verschiedenen Bullen, und das apostolische Breve, welches nach dem Zeugnisse der dritten Anmerkung in ganz Europa kund geworden, sind ihrem portugesischen Kopfe nach allzu gelind gewesen: weil sich dieselben, ohne die Gesellschaft mit solchen Vorwürfen zu beschweren, bloß durch die majestätischen Ausdrücke des allerhöchsten und heiligsten Gerichtes auf Erde unterschieden. Welch ein Glück für die Jesuiten, daß die päbstlichen Bullen nicht durch portugesische Hände gegangen sind! was würden sie nicht für schöne Zierathe bekommen haben? Ohne Zweifel hätten die chinesischen Gebräuche, welche in ihrem Anhange abermal aufgewärmet worden, zu einem künstlichen Laubwerke dienen müssen. Ja alle die Schreiben, welche der heiligen Congregation von Ausbreitung des Glaubens, wie uns ihre Anmerkungen versichern, wider die Jesuiten eingeschicket worden sind, würden darinn eine ganze Reihe seltsamer Gedanken ausmachen. Was wird aber diese ehrwürdigste Versammlung dazu sagen, wenn sie in den portugesischen Anmerkungen lesen muß, wie schändlich ihr die geheimen Schriften aus dem Archive gekommen, und zu so ärgerlichen Absichten misbrauchet worden? Entweder ihre Anführungen, mein Herr, sind lauter Lügen, oder Sie haben die Ihnen anvertrauten Geheimnisse treuloser Weise ausgeplaudert. Wählen Sie, was Sie wollen: so sind und bleiben Sie nach dem Urtheile so wohl dieser Versammlung, als aller vernünftigen samt ihrem auferbaulichen Buche ein schelmischer Berücker und blutgieriger Ehrenschänder. Hier sind nun ihre Stücke wider die Ehre der Jesuiten alle vernagelt: jetzt wollen wir sehen, was auf der zweyten Schanze vorgeht, wovon Sie auf den Reichthum derselben losbrechen. Können sie nicht zu Pferde sitzen, und vor den Spitzen einer hungrigen Räuberhaufen durch die Welt ziehen, um die Habschaften aller Collegien dieses Ordens zu plünderen, zu rauben, und aufzufressen: so rufen Sie gleichwohl eines Rufens vor den Füssen seiner Heiligkeit: **mache sie arm, heiligster Vater, mache sie arm. Man muß der apostolischen Kammer in ihrer Bedürfniß zu Hülfe kommen.** Ey du liebe apostolische Kammer, wie ist der Neid des Portugesen gegen dich so freygebig! was gilts, mein Herr, ihr Herz redet anders, als die

Je-

Feder. Ja mache sie arm: mich aber, und meine Gesellen mache mit ihren Einkünften reich. So würden Sie ohne Zweifel geschrieben haben, wenn ihnen nicht bey dem Geständnisse eines so teuflischen Neides die Haut geschauert hätte. Denn sollte Rom nach ihrem Begehren alle Güter der Jesuiten an sich ziehen, was würden doch Sie davon haben? = = = Dieß hätte ich, sagen Sie, daß dieselben demürhiger, gehorsamer, unterwürfiger würden u. s. f. Hier schaumet der Schlange das Gift unter den Zähnen. Sie wollen andre mit Gewalt heilig machen, und verlangen es selbst nicht zu seyn? und zu dem Ende wünschen Sie diese Ordensleute unter ihren Füßen zu sehen, als wenn selbe für GOTT und die Welt nichts mehr taugeten? Nein: dieß mag ein Brasilier glauben: in Europa kennt man den Vogel an der Stimme. Allein, Herr Portuges, ich begreife nicht, was der Ueberfluß an Gütern, oder auch die Schmälerung derselben in die Sitten der Gesellschaft für einen Einfluß haben könne. Was genießt ein einzelner Jesuit davon? Wird die Tafel deßwegen köstlicher, die Kleidung prächtiger, die Lebensart freyer? Nicht eines Hellers werth kommet ihm mehr zu statten, wenn gleich die gemeinsamen Einkünfte den Millionen nach anwüchsen. Nur die ganze Gesellschaft überhaupt empfindet den Vortheil davon. Und wie könnte es ihr sonst möglich seyn, so viel alte Gebäude zu erhalten, und neue aufzuführen, so viel zahlreiche Häuser zu nähren, die Unkosten und Bedürfnisse so vieler Schulen und Aemter zu bestreiten, den Kanzeln so viel Gottesgelehrte, den Kirchen so viel Redner, der Jugend so viel Lehrmeister, den Völkern so viel Prediger, eifrigen Christen so viel geistliche Anführer herzustellen; und endlich in allen diesen Stücken alle übrige Orden so weit zu übertreffen, als sie dieselben wirklich übertrifft? Und deßhalben macht ein Portuges Lärmen, als wenn die Jesuiten den Himmel bestürmen wollten! Ich frage die ganze Welt, ob diese Ordensgeistlichen ihr Geld auf die Sinnlichkeit und auf ihr Maul, oder vielmehr auf Werke verwenden, wodurch die liebreiche Freygebigkeit ihrer Wohlthäter noch immer von dem Glanze des Ordens zurückstralet. Aber umsonst: es giebt allezeit Leute, welche das ihrige vernachläßigen, das fremde vergebens untersuchen. Fremde Brocken sind so süß, daß sie ein Neider dem andern aus dem Maule reißt, und seine brennende Freßbegierde damit abzukühlen denket.

Doch

Doch Sie erwiedern, dieß ließe sich noch so hören, wenn die Jesuiten nur nicht durch unerlaubtes Gewerb zu so grossen Gütern gelanget wären. Ich verstehe ihre Sprache schon, Herr Portuges. Sie wollten gern die ganze Gesellschaft in die portugesischen Händel mit einflechten: Sie werden mirs aber zu gutem halten, daß ich mich hierüber in kein Gezänk einlassen will. Denn ich erstarre von weitem vor den Wirkungen ihrer Zunge, welche wie ein unglückseliger Komet durch die Lüfte fährt, und jedermann mit Pest und Kriege bedrohet. Was in Portugall vorgeht, lasse ich in seinem Wesen: im übrigen aber, mein Herr, hätten Sie fürwahr nicht Ursache, mit dem Gewerbe der Jesuiten ein so lautes Getös zu machen. Ich sage nicht, daß die Handelschaft unter Ordensgeistlichen erlaubet, noch daß sie in der Gesellschaft JESU ganz und gar fremd sey. Ich untersuche nicht, ob sie manchesmal nothwendig, oder doch aus einem vernünftigen Grunde erlaubt werden könne: dieß alles mag bleiben, wie es ist. Ich möchte nur gern entdecken, wie Ihnen der Geist des Neides in den Kopf gesetzet hat, der ganzen Welt so viel Gewäsch davon vorzumachen, daß ihr Buch von nichts so sehr, als von diesem elenden Geschelle tönet. Vernehmen Sie: ich will Ihnen hierüber meine Gesinnung, wie ichs vor GOTT befinde, freymüthig offenbaren.

Sie setzen zum Voraus, mein Herr, und wollen uns überreden, die wesentliche Hauptregel der Gesellschaft wäre, auf alle Wege nach Gold und Silber zu streben: und folglich beschreiben Sie uns die Jesuiten als Leute, welche das Geld zu ihrem Abgotte, und den Eigennutz zur Triebfeder aller Handlungen haben. Das heißt in der That viel gesagt! Wie steht es aber mit dem Beweise? Wenn sich irgend eine zahlreiche Familie nur der allervortheilhaftesten Haushaltung befleißt: wer wird derselben den Eigennutz und den Geldgeiz vorwerfen? Haben wohl die strengen Sittenrichter der Jesuiten alle Rechnungen geführt, daß sie den nothwendigen Aufgang zum gemeinschäftlichen Unterhalte derselben bestimmen können? Und wenn diese Geistlichen durch alle Wege und Mittel nach Gelde haschen, warum lassen sie dann so viel günstige Gelegenheiten aus den Händen, sich mit Geschenken und Allmosen zu bereichen? Wer hat so einen gebahnten Weg, einen beständigen Zufluß wichtiger Schankungen zu erhalten, als die Jesuiten vermittelst so vieler Schulen, und durch die Unterweisung so vieler Söhne der reichsten und erhabensten Herren haben könnten, wofern

fern sie vom Geize so sehr verblendet wären? Sieht man etwa täglich Körbe, Kisten, Gepäcke, oder sonst irgend eine Art Ehrengeschenke zu den Pforten der Collegien bringen? Müssen nicht vielmehr die einzelne Personen ihr weniges Säckelgeld an jene Kleinigkeiten strecken, welche der menschlichen Natur zur Erquickung nicht versagt werden können? Eben so verhaltet es sich mit dem Allmosen. Geschieht es, daß in ihrem Gotteshause ein Begräbniß vorgeht, oder Bethtage gehalten werden, so begeben sie sich dergestalt auch der ehrlichsten Vortheile, daß sie lieber das übrige Wachs bis auf den letzten Tropfen abbrennen lassen, als nur das mindeste davon nach andrer Kirchen Sitten in die Sacristey tragen: geschweige dann, daß sie einen Pfenning annehmen sollten. Wie könnten die Jesuiten nicht ihre Capitale um ein merkliches vergrößern, wofern sie nur das Allmosen für die täglichen Messen lieber in ihren eigenen Beutel schieben wollten, als so vielen Weltpriestern, welche in ihren Kirchen den Gottesdienst verrichten, zukommen ließen? Aber nein: eine so erlaubte, so allgemeine, und überall so gewöhnliche Art von Allmosen achten sie nicht, und verlangen sie nicht; ja weigern sich schlechterdings nur einen Kreuzer für sich zu behalten. Es schlagt die Gesellschaft Stiftungen und Vermächtnisse aus, wofür sie Messen oder Jahrtage schuldig würde: hingegen schenket sie ihre Opfer größtentheils den Abgestorbenen und den Wohlthätern; und entrichtet also die Pflichten der Dankbarkeit viel thätiger, als wenn sie die Obliegenheit gestifteter Gottesdienste auf sich hätte. Sind nun dieß alles Zeichen ihres Ueberflusses, so sind es nicht weniger Zeichen einer großmüthigen Gleichgiltigkeit gegen den Reichthum. Und Sie, Herr Portuges, erröthen noch nicht, daß Sie diesen Geistlichen eine so sehnliche, so lechzende Geldsucht Schuld geben? Allein Sie sind mit der Einwendung schon fertig: die Jesuiten haben ja die weite Straße der Handelschaft in keiner andern Absicht angetreten, als damit sie in allen Welttheilen Wucher treiben möchten. Hier steht der Portuges in Lebensgröße; und will sich und die Seinigen hinter einem papiernen Bollwerke befestigen. Welche Blindheit! So weit hat es die Welt schon gebracht, daß sich verwöhnte und im Laster versoffene Böswichte auf ihre Unschuld noch was einbilden, und ihre eigene Verbrechen an andern mit dem unerbittlichsten Eifer hassen und verfolgen. Die Handelschaft der Jesuiten, welche durch ihre Feder, mein Herr, nicht wenig

Ver-

Vergrößerung bekommen, ist ein funkelneues, und ehehin unerhörtes Lied aus dem Königreiche Portugall, womit Sie und ihre Spießgesellen uns überschreyen wollen, damit die Welt von ihrem eigenen höchst ärgerlichen Gewerbe nichts inne werden möchte. Wenn wir es aber auch so gelten ließen, wäre wohl diese Uebertretung der Kirchensatzungen unter den Jesuiten allein im Schwange? oder ist sie nicht hier so wohl als in einem jeden andern Orden als ein auswärtiger Gast anzusehen? merken Sie nicht, daß Sie sich selbst auf den Fuß treten? Sie samt den Jesuiten auch andern Orden ein übels Spiel anrichten? zweiflen daß Sie aber noch daran, so geben Sie sich die Mühe, die Bullen der vorigen Päbste in die Hand zu nemmen, welche gewiß nicht von der Gesellschaft JESU allein, sondern von allen geistlichen Gemeinden überhaupt geredet haben: gleichwie auch in der jüngst herausgegebenen Bulle Seiner jetzt regierenden Heiligkeit, worinn die vorigen erneuert und bestättiget sind, alle, die sich schuldig wissen, insgesammt ermahnet werden, ohne daß man von der Handelschaft der Jesuiten ins besondre nur einen Buchstaben gewahr wird. Ueberlassen Sie nur die Entscheidung dieses Streithandels ohne Bedenken dem Throne des höchsten Kirchenhauptes; und schweigen Sie still: so steht zu gewarten, welcher Orden dem Ausspruche desselben am bereitwilligsten nachleben wird. Inzwischen, bedunkt mich, stünde es wohl niemanden besser an, das erste Beyspiel des ungesaumten Gehorsames zu geben, als Ihnen, mein Herr. Sie haben auf dem Drucke ihrer zwo Schriften wahrhaftig ein schönes Gewerb errichtet. Die Anmerkungen kaufet man wenigstens hier in Mantua um drey, den Anhang aber um fünf Paoli. Wollte man nun von allen Orten, wo diese Kunstwerke Käufer gefunden, die Rechnung zusammen ziehen, so müßte es schlecht hergehen, wenn sich die Summe nicht auf etliche tausend römische Thaler beliefe. Ein verabscheuenswürdiges Henkergeld, welches Sie, als ein andrer Judas, mit der empfindlichsten Beleidigung eines ganzen Ordens, mit dem Blute so vieler unschuldigen Geistlichen gewonnen haben! Ein Wunder, wenn sie nicht reich werden, Herr Portuges. Die Druckkosten sind Ihnen von guter Hand dargeschossen worden, der Gewinn aber wird ganz in ihren Beutel gehören. Geben Sie nur acht, daß nicht zuletzt ein Strick daraus werde, welcher Ihnen, wie dem Verräther des HErrn, den Hals brechen dörfte. GOTT urtheile unter Ihnen und den Jesuiten. Es mö-

mögen aber diese so schuldig seyn, als man immer denken kan, so haben doch Sie sich, mein Herr, nimmermehr eines andern Bescheides zu versehen, als den ein grausamer Verfolger, und ein blutdürstiger Menschenfeind verdienet.

So unmenschlich verfahrt unser Notenmacher mit der Gesellschaft überhaupt: nun wäre noch viel von der Grausamkeit zu reden, womit er den Personen derselben begegnet. Weil aber diese so sonderbar ist, daß sie den Anmerkungen nicht unbillig einen neuen Namen schöpfen kan, will ich ihr lieber das folgende Hauptstück einräumen.

V Hauptstück.

Die Anmerkungen sind ein vermessenes Buch.

Wehe, sagte der heilige Augustinus (XXXII Pred. unter den 50) wehe der guten Magdalena, wenn sie anstatt die Füße JESU Christi mit Thränen zu benetzen, in die Hände des stolzen Pharisäers gerathen wäre, welcher sie auch in der bittersten Buße so empfindlich beurtheilete! Wehe den Jesuiten, sage ich, wenn sie nicht in den Händen großmüthiger, und zur Gnade gebohrner Fürsten, sondern vor dem Richterstuhle eines portugesisch gekleideten Pharisäers stünden! Es würde kein Haar davon übrig bleiben. Die ganze Gesellschaft müßte abgerissen, aufgehoben und ausgerottet werden. Man nimmt in den Anmerkungen da und dort einige eingesprengte Tröpflein von dieser blutdürstigen Gesinnung wahr, welche, wie die Flecken auf einem bleichen und schwermüthigen Angesichte, jedermann klar in die Augen fallen. Weil Ihnen aber, mein Herr Portuges, die Arme kürzer gewachsen sind, als ihre Verwägenheit ist: so schreyen Sie vor dem päbstlichen Stuhle, und vor den Thronen der Fürsten, man solle ja alle Elemente aufbiethen, die beschlossene oder schon angefangene Verbesserung dieses Ordens aufs eheste auszuführen. Und damit sie allem Misverstande zuvor kommen möchten, machen Sie in Wahrheit recht eindring-

liche

liche Aufmunterungen; welche ohne Zweifel an geistliche und weltliche Obern gerichtet sind. Allein dieß alles sind nur Vorspiele ihres endlichen Absehens. Erst in der letzten Anmerkung wagen Sies, Seiner Heiligkeit und den gesalbten Majestäten der Welt Gesetze zu geben, welche nicht mit Dinte, sondern mit Blute geschrieben worden. Sie halten für gut, gerad als wenn Sie mit lauter Strohköpfen oder gemalten Fürsten zu thun hätten, man solle den Jesuiten die Einkünfte wegnehmen, man solle sie des Landes verweisen, man solle ihnen die Novitzen einstellen, und dergleichen Vorschläge von der äußersten Schärfe. Ich verehre Sie, Herr Portuges! Ihre Ordensreinigung wird schöne Folgen haben. Sonst sind jene, welche irgend einen Orden zu verbessern dachten, allezeit Leute von großer Tugend und von großem Verstande gewesen. Sie machten den Anfang an ihrem eigenen Lebenswandel, und schonten weder Fleiß noch Mühe, das Muster der Verbesserung in ihren Sitten zu allererst abzudrucken. Und warum dieses? Ihre Absicht war rein: und sie selbst von GOTT erleuchtet und begeistert. Weit gefehlt also, daß sie mit Mund und Feder eine Seele zu beleidigen gedacht hätten, so versuchten sie nur die gelindesten und angenehmsten Wege, ins Herz derer zu dringen, welche einer Verbesserung benöthiget waren. Sie aber, mein Herr, sind zu gleicher Zeit ein Prediger und Pharisäer: Sie überladen die Gesellschaft mit tausend Unbilden, mit tausend Lasten: sollten Sie aber etwas auf ihre eigne Schultern bürden, würde Ihnen jeder Gran zu schwer fallen. GOTT weiß, welche wurmstichige Absicht Ihnen auf Erleuchtung und Eingebung eben so verkehrter Geister, als Sie sind, den schamlosen Rath gegeben, den Häuptern der Kirche und den Fürsten der Welt die Verbesserung eines so erbaulichen Ordens aufzutragen. Wenn aber auch die Kirche solch eine Vorsorge für nöthig hielte, wozu machen Sie uns doch (II Anmerkung) mit einem so fürchterlichen Geräusche die Ohren voll, als ob sich die Jesuiten darüber die Haare ausreißen würden? Ob die Gesellschaft in der That entweder durchaus, oder doch zum Theile einer Reinigung bedörfe, ist eine Frage, die weder mir, noch einem portugesischen Notenschreiber zu entscheiden zukommt. Ich will auch keinen Vergleich mit jemanden anstellen: sonst möchten Sie vielleicht ihre buntscheckigte Ordensreinigung gar zu sehr bereuen müssen. Hätten Sie mich gefragt, so wäre ich Ihnen zum Rathe gewesen, Sie sollten vor allem ihre so schneidige, so erhitzte, so bluttriefende Zunge mildern, und ihr giftiges Gemüth verbessern, welches den Orden der Jesuiten nicht von seinen Misbräuchen gesäubert, sondern zusammen gerissen, ausgetilget, vernichtet zu sehen verlanget. Zu dem Ende ist nun freylich kein anders Mittel, als daß Portugall und alle andre Staaten die Geistlichen verjagen, die Collegien abschaffen, die Güter einziehen, die Schuldigen fesseln, die Hartnäckigen tödten, und die geringe Anzahl, welche Sie, mein Herr, als unschuldig erklären, über Meer in ferne Inseln, menschenlose Wälder, und öde Wüsteneyen verschicken müssen. Wenn dieß nicht eine galgenmäßige Vermessenheit ist, so giebt es zwischen Himmel und Erde keine mehr. Sie nehmen mit der Sanftmuth und Gnade von den Kronen der Fürsten den alleredelsten Stein hinweg, welcher doch dieselben vor allen andern dem höchsten Priester und Beherrscher aller Könige Christo JESU ähnlich machet. Und dieß zwar thun sie auf eine recht merkwürdige Art. Sie biethen (1 Anmerkung) alle ihre Beredsamkeit auf, die Freygebigkeit der Monarchen von Portugall herauszustreichen, welche den Jesuiten stäts Beförderung, Schutz, Erhöhung, ja eine zärtliche Liebe angedeihen ließen: aber alle diese ruhmvollen Vortheile machen Sie den guten Geistlichen so bitter, daß ihnen selbe nur zu Vorwürfen dienen. Sintemal ihre Spitzfindigkeit ein neues in den Himmel schreyendes Laster entdecken will, als ob die Jesuiten ungeachtet so vieler Gnaden in der Bittschrift die Schuld ihres Unglücks Seiner Getreuesten Majestät beygemessen, und dadurch eine Scharte gerissen hätten, welche die Güte eines so erhabnen Fürsten nothwendig entehren müßte. Wer entehret aber dieselbe mehr, als eben Sie, Herr Portuges, wenn Sie sich schmeicheln, sie könne sich so tief herunter lassen, daß sie die hirnlosen Vorschläge eines verbitterten Notenmachers, oder besser zu sagen, das Bellen eines rasenden Kettenhundes zur Richtschnur ihres Betragens nehmen soll? Eben dieses Laster, wodurch Sie den Jesuiten aufs neue zu Leibe wollen, ist nur ihre eigene Misgeburt, mein Herr, welche Sie mit ihrer Bosheit ausgehecket, mit Sophistereyen gekleidet, und mit der äußersten Schamlosigkeit den Jesuiten angehengt haben; bloß in der Absicht, dieselben bey dem portugesischen Throne immer in größere Ungnade zu bringen. Gekrönten Häuptern stellen Sie nach dem herr-

lichsten

lichsten Schmucke, den man immer dabey antreffen kann, nämlich nach dem Glanze der Gelindigkeit, Güte, und Menschenliebe; und weisen denselben die Bahn des Zorns, der Grausamkeit, und der Wuth an.

Nein! die Bahn **der Gerechtigkeit**, schreyen Sie mir zu. **Der Gerechtigkeit lasse man ihren Lauf!** Verwägener! Gerechtigkeit fodern Sie? Gerechtigkeit vom obersten Kirchenhaupte? von Fürsten, deren wesentliche Obliegenheit und freywillige Bestrebung keinen andern Gegenstand haben können, als die Gerechtigkeit? Geheiligte Majestäten der Erde, nehmet euch vor unserm Portugesen in Acht! Stecket eure Schwerter nimmermehr ein, damit ihr ja keine Zeit verlieret, der Gerechtigkeit den blutigsten Nachdruck zu geben. Saumet ihr noch, so vermögen euch eure Zepter vor dem scharfen Urtheile dieses großen Staatsmannes nicht zu schützen. Ihr werdet unbehutsame, rathlose, blöde, und unkräftige Regenten seyn: denen es entweder am Können oder am Wollen fehlt, die allerklügsten und gerechtesten Anstalten zu treffen. Ja es wird viel seyn, wenn ihr nicht selbst mit unter der Decke liegen, und durch eure Nachsicht Mithelfer aller jesuitischen Missethaten heißen müsset. Denn einem ausgeschamten Wirrkopfe, welcher wünschete, daß die Welt durch immerwährende Säbelstreiche beherrschet würde, sind dergleichen Träume von hohen Häuptern eben nicht seltsam. Herr Portuges, haben Sie das Herz, was zu laugnen? Lasset uns nicht vielmehr das Mischmasch ihrer Anmerkungen, wenn man nur die Augen aufthun will, bey einem jeden Schritte die kennbarsten Merkmaale der Geringschätzung von Päbsten und Fürsten wahrnehmen? weil sich dieselben aus allzu blinder Jesuitenliebe nicht auf den ersten Wink bequemen wollen, ihrem sehnlichen Begehren genug zu thun. Mir machet das Feuer, wovon ihre Worte so erschrecklich prasseln, eine vollkommene Abbildung von Ihnen, als von einem Menschen, welcher vor Unwillen bersten möchte, weil er wie ein Achitophel (II B. der Kön. XVII) für seine Meynung keinen Beyfall erhalten kann. GOTT segne Sie nur, mein Herr, daß Sie nicht ebenfalls auf den unseligen Entschluß dieses beherzten aber unbescheidnen Rathgebers verfallen. Warten Sie lieber mit Geduld, bis Ihnen der Ausgang selbst ihr Schiksal bestimmen wird.

Da

Da indessen alles von ihrem Geschreye wiedertönet, nimmt mich abermal Wunder, was doch Sie, mein Herr, zu einem so verwägnen Schritte verleitet hat. Auf wessen Beruf haben Sie sich je zum Ordensverbesserer der Jesuiten aufgeworfen? Vielleicht weil Sie ein Portuges sind? Pfuy der Lügen! und wären sie es auch: hätte wohl Portugall bestochener Anwälte nöthig? Mit einem Worte, wer Sie immer seyn mögen, ist es ja gewiß nicht ihr Handwerk, so erhebliche Dinge von einem ganzen Orden den Fürsten und Völkern der Welt anzudeuten. Oder irre ich mich! So zeigen Sie mir den Charakter einer so erhabnen Würde; oder das Kennzeichen einer höheren Begeisterung, kraft welcher Sie als ein Ezechiel oder Jeremias dem Erdenkreise den Willen des Allerhöchsten zu wissen thun. Nein! Sie gehören unter die neuen Propheten. Vernehmen Sie mich dann: Sie verlangen, daß die Fürsten ihre Augen aufthun, und die Kirchenhäupter über die Jesuiten das Bluturtheil aussprechen möchten: zweifeln Sie ja nicht, man wird die Augen eröffnen, man wird erkennen, man wird überzeuget seyn, daß ihr und ihrer Gehülfen Eifer, mein Herr, nichts als der unreine und mit falscher Tugend überschminkte Ausschlag einer verborgenen Seuche, das ist, das Werk einer von Neid und Haß angeführten Vermessenheit sey.

VI Hauptstück.

Die Anmerkungen sind ein aufrührisches Buch.

Mir geht es in dieser Arbeit nicht anders, Herr Portuges, als wenn ich mit einer zischenden Schlange zu kämpfen hätte. Nach so oft wiederholten Streichen, womit ich den Schwanz vom Kopfe gehauen, wird der Streit erst gegen den vornehmsten Theil des Unthieres am hitzigsten. Ich habe die Anmerkungen bereits fünfmal abgestossen: und nun merke ich, daß ich erst jetzt ans Herz und an den Hauptsitz ihrer Bosheit komme, da ich ihre gottlose Absicht,

den

den Pöbel wider die Jesuiten, und aus Anlasse dessen vielleicht wider Kirche und Fürsten in Harnisch zu bringen, niedermachen soll. Daß Sie geistlichen und weltlichen Oberkeiten wider diese Ordensleute den Dolch geschliffen und dargereichet haben, das wäre noch viel zu wenig, wenn Sie nicht auch dem übrigen Haufen der Menschen, wie es nach ihrer Sprache heißt, ein Licht aufstecketen, wodurch Sie ihre Gemüther erleuchten und von der allzu blinden Zuneigung reinigen möchten. Ihr Absehen ist so handgreiflich, daß Sie sich (XI Anmerkung) selber nicht entbrechen, in einer Entzuckung des Neides mit kläglicher Stimme aufzurufen: **Schön! die Catholischen, welche so wohl Gewissen als Ehre aus hundert Ursachen verbindet, die vorzüglichste Erleuchtung zu haben, sind oder scheinen eben die allerblindesten zu seyn: da sie sich durch jenen andächtigen Außenschein der Jesuiten bethören lassen.** Könnten Sie ein verdammlichers Zeter schreyen? Heißt das nicht, als Herold vor den Fahnen der Empörung daher ziehen? Doch ich will ihre Gesinnung keiner scharfen Probe unterwerfen: es ist schon genug, daß Sie (XII Anmerkung) die Thorheit fast der ganzen catholischen Welt bejammern, welche in die Jesuiten verliebt ist, denselben überall willfahret, von ihren Lehren und Beyspielen abhangt, und sich nicht einmal beyfallen laßt, dieselben als böse, unvollkommene, oder schädliche Leute anzusehen. Diese Gewogenheit, und dieß große Zutrauen des Volkes gegen die Geistlichen der Gesellschaft, ist Ihnen, mein Herr, ein so unerträglicher Spieß in den Augen, daß Sie sich fast zu todte bemühen, denselben alle Catholische eben so abgünstig zu machen, als Sie sind. Sie offenbaren, vergrößern, erdichten tausend Verbrechen: Sie bruten tausend Lügen, tausend Verleumdungen und Ränke aus, nur dasjenige durch ihre Schrift zu bewirken, was alle ihre Vorgänger durch so viele und verbitterte Blätter nicht bewirket haben. Die Zeit ist zu kostbar, daß ich Ihnen begreiflich machen sollte, wie kurz ihre Schelmereyen unter der Larve bleiben werden. Erinnern Sie sich nur, wie Sie selbst den widrigen Erfolg ihres Unternehmens im Geiste vorgesehen, und (XII und XXI Anmerkung) ohne es gewahr zu werden, die traurige Wirkung davon prophezeihet haben: vielleicht damit Sie nicht mit der Zeit vor aller Welt zum Gelächter werden möchten. Doch hievon will ich schweigen: ich frage Sie nur, wider wen schreyen Sie dann so gewaltig, da Sie wider die Catholischen schreyen? Wider wen wollen Sie diese aufbringen und bewaffnen, da Sie ihre vorgegebne Blindheit verfluchen? Besteht dann das ganze catholische Christenthum aus einem pöbelhaften, niederträchtigen und verächtlichen Gesinde, oder aus einem einfältigen Haufen, welcher sich, wie die Ziegen, überall hintreiben laßt? Sind dann die Jesuiten und ihr gesammter Orden weiter nichts anders, als eine Versammlung solcher Leute, welche den Christen mit einem künstlichen Zauberwerke die Augen verblenden, und denselben vermittelst des Aberglaubens Bley für Gold verkaufen? Sie allein, Herr Pertuges, und ihres gleichen, wenn deren auch zu hunderten und tausenden wären, sehen alles, Sie allein durchdringen das Geheimniß, wer und wie die Jesuiten seyn: Sie allein sind bey ihren Luchsaugen so beherzt, daß Sie sich des erstaunlichen Wunderwerks anmaßen, nicht etwa mit Fackeln und Lampen, sondern, wohl gemerkt! mit zwo eckelhaften Scharteken so viel Millionen Blinde zu erleuchten. Hier werden die Wunder des Heylands selbst unsichtbar, welcher nur sehr wenig Blinden das Gesicht verliehen. Eine solche Stärke herrschet in ihrem Verstande, daß Ihnen die Beschaffenheiten der Jesuiten ganz entblößet stehen: wir alle hingegen stecken so in tiefen Finsternissen, daß uns die Untugenden derselben unerhörte Neuigkeiten sind. Ich begreife es mehr als genug: nicht die Jesuiten allein, sondern alles, was sich catholisch nennet, verdammen Sie: jedermanns Gewissen, jedermanns Ehre wird in ihren Klauen besudelt: ja Sie machen uns Catholische ärger, als Ketzer, Juden und Heyden. Und wir sollen dabey ruhig sitzen, und solch eine Beschimpfung ohne Galle verkochen? Kommen Sie mir nicht mit der Ausflucht, Sie hätten alles nur von dem unverständigen Pöbel verstanden. Ich sage Ihnen: von Fürsten, Päbsten, Cardinälen, Bischöfen, Priestern, Weltleuten, von der ganzen Kirche haben Sie es verstanden. Ueber alle erstaunen Sie, über alle beklagen Sie sich, daß man so hartnäckig an den Jesuiten klebe, daß man selbe nicht verlasse, nicht verfolge. Wie übel Sie auf den Pöbel zu sprechen sind, gestehen Sie selber von freyen Stücken: daß Sie aber mit den Großen der Staaten und der Kirche nicht besser zufrieden sind, geben Sie fast an jeder Stelle wahrzunehmen. Von andern zu geschweigen, was für Klagen häufen Sie nicht wider Prälaten und Bischöfe zusammen? Diesen allen wird die Jesuitenliebe, wie Sie in der XXI Anmerkung weissagen, in jener Welt das Gericht schärfen. Was thun Sie den verstorbnen Päbsten für eine Ehre an, da ihre Tobsucht alle die von denselben angewandten Hülfsmittel leere Bemäntelungen taufet? gerad als wenn die Bischöfe ihr Hirtenamt mit der gräulichsten Todsünde entheiligten, da Sie die Jesuiten lieben: und als wenn das Bemühen der Päbste, einigen vorgefallenen Ausschweifigkeiten zu begegnen, eitel Spiegelfechten gewesen wäre. Hingegen sind Sie mit Seiner jetzt regierenden Heiligkeit so gnädig, daß Sie derselben die besondere Erleuchtung vom heiligen Geiste zutrauen, was keiner von allen Vorfahren vermocht hat, endlich ins Werk zu stellen. Nichtswürdiger Mensch! Ehr- und gewissenloser Böswicht! Ja, ja! es leite doch der Tröster den großen Stadthalter des HErrn in diesem Stücke so wohl als in andern: ich und die ganze catholische Kirche rufen und flehen darum. Aber den Namen des heiligen Geistes aus einem Munde voll Mördergifts erschallen zu hören, wen soll das nicht schüttern? Den Geist der Wahrheit auf einer Zunge, wo weder Glaube, noch Treue wohnet, beschimpfet zu sehen, wer soll nicht erschrecken? Mir geht ein kaltes Grauen durch die Adern wenn ich bedenke, daß Sie durch den Namen des heiligen Geistes ihren Absichten eine Schminke der Heiligkeit anzustreichen suchen. Mein GOTT! wie können diese doch immer heilig seyn, da die Mittel und Wege sie auszuführen so lasterhaft, so verkehrt sind? Gottesfürchtige Seelen hoffen mit dem kräftigsten Vertrauen, der göttliche Geist werde sich der bedrückten Jesuiten in diesem Handel annehmen; und zu dem Ende unterstützen sie ihre Hoffnung mit beständigem Gebethe, nicht mit aufrührischen Worten und mit einem unverschamten Gemurmel: Sie aber, Herr Portuges, wünschen mit lechzender Sehnsucht, daß Seine Heiligkeit nach ihrem Kopfe urtheilen, und die Sache eines neidischen Cains wider den unschuldigen Abel entscheiden möchten: folglich muß der Namen des heiligen Geistes bey Ihnen das Mittel werden, zu den unerlaubtesten Absichten zu gelangen. Um des Himmels willen! wer hat Ihnen doch den Verstand verrucket, daß Sie solche Widersprüche schreiben? Haben Sie sich eingebildet, es würde kein Leser im Stande seyn, den Betrug ihrer künstlichen Zweydeutigkeit aufzudecken? oder kein Mensch würde unter der Mumme eines Eiferers für die Ehre, für den Nutzen, für die Sicherheit der Kronen, und für den Gehorsam gegen den heiligen Stuhl einen vermessenen Aman erkennen, welcher mit einem schalkhaften Briefe den allgemeinen Frieden und die Ruhe der Völker zu stören, und eine neue Art Kriege anzuspinnen trachtet, die alles in die gräßlichste Verwirrung setzen soll. Wie sagen Sie dann also (XXI Anmerkung) die gesammte Kirche sey von den Jesuiten in Brand gestecket? Was wäre wohl tauglicher in der Welt, solch ein Unheil zu stiften, als ihr Buch: wenn es sich nur bey hohen Staatspersonen und beym Volke des geringsten Beyfalles schmeicheln könnte? Denn setzen Sie, die weltlichen Fürsten verjageten die Jesuiten aus ihren Ländern, der römische Hof untersagete ihnen die Novitzen, der Pöbel regete sich durchgehends wider diesen Orden: mein GOTT! welch ein Mischmasch, was für Unordnungen, wie viel Gezänk würde sich nicht erheben! wie viel unerhörte Aergernisse wurden wir auf dem Erdboden sehen! O wohl ein großes Glück für die Kirche und für die Gesellschaft JESU, daß es noch Leute giebt, die Augen haben! Die unzählbaren Briefe eines neuen Amans, welche nicht etwa von einer Provinz Assyriens in die andere, sondern von einem Königreiche Europens in das andere, ja von einem Welttheile in den andern geflogen, führen zwar äusserlich nur den Untergang des jüdischen Volkes, das ist, den Umsturz eines überall werthen Ordens, im Schilde: allein auch ein blödes Gesicht nimmt die Mordfackeln mit Schrecken wahr, womit man wider Könige, Monarchen und Häupter der Kirche eine entsetzliche Brunst zu erwecken gesonnen ist. Herr Portuges, hier haben Sie in Wahrheit an dem ungetreuen Aman ein lebendiges Vorbild ihres Beginnens. Wer weiß, ob Ihnen die göttliche Vorsehung, welche alle Dinge nicht nach dem menschlichen Eigensinne, sondern nach ihrer unendlichen Weisheit füget, nicht ebenfalls das ruhmvolle End in den Lüften bestimmet hat: damit Sie ihrem Muster ja durchaus ähnlich würden. Wenigstens lebe ich der Hoffnung, wer immer ihr aufrührisches Schandbuch ließt, finde sich überzeugt, daß Sie es mit dem besten Rechte verdienet hätten.

VII Haupt-

VII Hauptstück.

Die Anmerkungen sind ein ärgerliches Buch.

Nach der Ordnung natürlicher Dinge würde es ein außerordentliches Wunder seyn, wenn sich irgend ein kleines Sandkorn, wie dort das Steinlein im Traume Nabuchodonosors (Dan. II, 35) der Länge, Weite und Tiefe nach ausbreitete, und zu einem so ungeheuren Berge würde, daß es den ganzen Erdenkreis bedeckete: in sittlichen Dingen aber brauchet es eben nicht viel, daß eine kleine Handlung, ein Wort, besonders wo die Aergerniß entzwischen kommt, zu einem gräulichen Laster werde. In der That, Herr Portuges, betrachtet man ihr Buch von außenher, so erblicket man ein armseliges Werklein von kleinem Umfange, von wenig Blättern, von schlechtem Ansehen: ließt mans aber, und erwäget mans, O auf welch ein Gerüst, auf welch einen Felsen der Aergerniß stoßt man nicht? Was für unendliche Gebürge schlimmer Folgen ragen nicht hervor? Was für Uebel dasselbe in Absehen auf Sie selbst, und auf die Jesuiten nach sich ziehe, haben Sie bis daher zur Gnüge vernommen: nun will ich Ihnen noch vorstellen, was es vermittelst der Aergerniß in der ganzen Welt für Unheil anstifte. Im letzt verwichenen Christmonate ist nach dem Anhange ein Brief ans Licht getreten, welcher vermuthlich ihr leibliches Kind ist. Sie heißen sich in demselben einen **wahrhaften Geschichtschreiber**. Es ist bey weltlichen und heydnischen Geschichtschreibern schon längst Mode geworden, die rühmlichen Begebenheiten und Vorfälle eines Volkes, oder die Großthaten eines Helden anzupreisen; die Fehler derselben aber nur als eine Nebensache und Zufälligkeit ihrer Geschicht im vorübergehen zu berühren. Diese historischen Bücher haben das unverbrüchliche Gesetz, ihre Nachkommenschaft zu unterrichten, ohne ihren Landesbräuchen im geringsten wehe zu thun. Auf solche Art sind Sie, Herr Portuges, ein vollkommenes Muster eines Geschicht-

 schrei-

schreibers: sintemal in Bubenstücken, schändlichen Berückungen, und unerlaubten Bestrebungen das ganze Wesen ihrer Schriften besteht. Was man übrigens auf die Wahrheit ihrer Sätze zu bauen habe, sind wir in den vorigen Hauptstücken sattsam belehret worden: wie viel Aergerniß aber mit denselben unter die Leute gekommen, steht nun gegenwärtig zu erwägen.

Der erste Stein des Anstoßes ist, daß fremde Zungen die ihrige zum Muster annehmen werden. Nichts ahmet man so geschickt und willig nach, als die Ausschweifungen der Zunge: weil dieselbe allezeit läufiger zu unanständigen, als zu klugen und erbaulichen Worten ist. Man lieset ihr Buch mit weniger Aufmerksamkeit: und sieh! der Damm eines Stromes von Lästerungen wider den Nebenmenschen bricht in einem Augenblicke auf allen Seiten los. Bey Mann und Weib, Jung und Alt ist Schmähen keine Sünde, oder doch keine Sünde von Wichtigkeit mehr. Ey! müssen die Leute denken, man redet und schreibt so abscheuliche Dinge von einem ansehnlichen Orden, es kommen Bücher davon aus den Pressen, sie finden Beyfall, man kaufet, man liest, man rühmet sie, ja man sehnet sich nach denselben mit Lüsternheit: warum sollen nur wir unsern Zungen Schranken setzen? Haben wir nicht eben so wohl das Recht, über unsern Nächsten nach Belieben aufzuschneiden? Thränenwürdige Folgen der Aergerniß! Die Gewissensangst wird allmählich einschlafen, das Zurufen der Prediger wird kein Gehör finden, und die Beichtväter werden von diesem Puncte nimmermehr etwas inne werden: weil man eine so allgemeine Mode für erlaubt und gleichgültig achten wird. Künftighin wird ihr Buch unter dem Titel der Wahrheit und des Eifers eine offene Schule der Ehrabschneidung bleiben: und Sie werden den unsterblichen Ruhm erwerben, daß Sie der erste gewesen, der sich ermannet habe, unsern Zungen den beschwerlichen Zaum des Wohlstandes und der Bescheidenheit abzunehmen.

Von dieser allgemeinen Aergerniß, welche aus der Nachahmung entstehet, kommen wir auf die besondern, womit Sie hauptsächlich das Ordensbekenntniß der Gesellschaft bey allen Ständen und Personen in Unwerth bringen. Ich werde mir hierinn jene Art zu beweisen ge-

gefallen lassen, vermög welcher Sie (XI Anmerkung) die Unglaubigen, Ketzer und Catholischen zu Hülfe nehmen, die Missethaten der Jesuiten recht handgreiflich darzuthun. Denn prellet dieser Pfeil nicht billig auf Sie zuruck, Herr Portuges? Sie haben mit Unchristen, Protestanten und gewissenlosen Catholischen in ihren ärgerlichen Schriften so hübsch zusammengespielet, daß Ihnen dieselben in Ewigkeit Dank wissen werden. Ich will Ihnen eben nicht über Meer und Land bis ins heydnische Indien nachlaufen, wo Sie zwar nicht mit den Flügeln eines Ikarus, wohl aber mit den Schwingen des Teufels hingerathen sind. Nein: ich setze nur, ein Türk, oder ein Jud habe sie gelesen. Das verkehrte und übereilte Urtheil dieser unglaubigen Völker erhellt aus dem genug, daß so gar der Tod JESU Christi (I Br. zu den Kor. I, 23) in den Augen der Heyden Thorheit, bey den Juden aber Aergerniß war. Ein so unbegreifliches Werk der Liebe schien denselben ärgerlich oder thöricht zu seyn: Himmel! was wird man von den Sitten derer gedenken, welche seiner Lehre anhangen, nachdem sie mit so abscheulichen Farben verstaltet worden? Haben die Jesuiten, nach ihrer Aussage dem glücklichen Laufe der Bekehrungen in Ostindien und America Einhalt gethan, so haben wahrhaftig Sie, mein Herr, einen edlen Kunstgriff ausstudiret, die Fahnen des Christenthums bis über den Ganges zu pflanzen, und alle Unordnungen der Abgötterey ins Meer zu versenken. Ja dieß hatte noch gefehlet, unsere Religion vollends in Verachtung zu bringen, daß Sie durch die Vorstellung so häßlicher Schauspiele, ob es gleich nur Fabeln sind, die Wahrheit und Unfehlbarkeit derselben verdächtig macheten. Lassen Sie nun ihr Buch einem Protestanten in die Hände kommen, wie begierig wird er selbes, als das herrlichste Geschenk ergreifen: wie fleißig wird er das Gift darinn sammlen, und in seine Werkstatt tragen! und wer kann mir sagen, was er damit anheben wird? Ist es wohl ein Wunder, wenn er sich bey dem Anblicke so vieler Mängel an Personen, welche mit JESU Christo in der engsten Verbindung stehen, nicht entbrechen kann, wie der heilige Apostel Jacobus (II, 7) spricht, den catholischen Namen immerhin frecher zu lästern? *Nonne ipsi blasphemant bonum nomen, quod invocatum est super nos?* Sie haben also unsern Glaubensgegnern

eine

eine angenehme Lustbühne eröffnet, wo unsre Religion im Narrenkleide erscheinen, und unsre Handlungen Pickelhäringe abgeben müssen. Man wird diese Kurzweile auf den Theatren unsrer Feinde in die Wette nachspielen sehen. Das Gelächter, die Spöttereyen, die Bewunderung derselben werden ihrem Haupte, mein Herr, einen ganz unvergleichlichen Kranz flechten. Man wird Sie endlich in Holland und Londen, und andern dergleichen Gegenden, als einen neuen Helden theatralischer Wunderwerke ausposaunen. Ey daß ich mich in solch ein Meer von Betrachtungen eingelassen habe! Denn hier kann ich wohl mit besserem Rechte sagen als Sie, daß mir so viel Aergerniß, die von einem Catholischen herrühren soll, beynahe das Herz aus dem Leibe reißt, und bittere Thränen aus den Augen zieht. Weil es aber einmal geschehen ist, und der Schmerz keine Gränzen mehr kennet, so kommen Sie nur her, Brut von Vippern, und besichtigen Sie mit mir die dritte Gattung von Aergernissen, woran sich Catholische selbst verstoßen. Unter diesen giebt es ehrliche, weise, und vernünftige, aber auch böse und zaumlose Leute. Jene wissen schon, daß die Jesuiten allezeit ihre Neider und Verfolger gehabt: folglich gehen sie mit großmüthigen Schritten über alle Verleumdungen, über alle Handschriften und Bücher aus, und hegen von diesen Ordensmännern immerhin jene Hochachtung, welche sie denselben nach Wissen und Gewissen schuldig zu seyn glauben. Ja sie würdigen solche Blätter nicht eines Blickes, sondern gehen, wie ein Wandersmann vor rauhen Hecken vorbey; und sind nur bedacht, keinen Dorn der Aergerniß in den Fuß zu ziehen. Und sollte sichs auch begeben, daß sich ehrliche Leute stießen, so würde es lediglich über Sie, mein Herr, über ihre Vorgänger, Mithelfer, und Nachfolger geschehen, welchen man ja freylich nimmermehr einen Funken Gottesfurcht, nimmermehr ein Gewissen, nimmermehr die geringste Spur von Hoheit und Ehrliebe zutrauen kann, weil nichts als Haß und Neid aus ihrer Feder geflossen. Auf dieser Seite sind wir also sicher genug: aber Catholische, die weiter nichts als den Namen führen, werden nach einer ganz andern Vernunftlehre folgern. Hier wird man ihr Buch lesen, man wird ihm beystimmen, man wird mit beyden Armen nach ihrem babylonischen Zauberweine langen, und sich mit herzficher Wollust daran zu Tode saufen. Machen es Ordensleute so bunt, wird es heissen, so sind wir berechtigt, alle Bubenstücke zu wagen, und gleichwohl vor GOTT und den Menschen alle Entschuldigung zu hoffen. Dann geht die Ausgelassenheit erst recht an, die Verwägenheit wird muthig, der Frevelgeist zügellos, und die Schamlosigkeit fertig, allen Erinnerungen so abentheuerliche Beyspiele entgegen zu setzen. Gerechter Himmel! welch ein Brutnest ärgerlicher Folgen stecket in einem einzigen Laster! Herr Portuges, stocket Ihnen noch das Blut nicht in den Adern? Nichts weniger: Sie wünschen vielmehr einzig und allein, daß sich die Christenheit, ja die ganze Welt über die Jesuiten ärgern möchte. Nur Geduld! die Gottlosen werden es allerdings thun, und zwar mehr, als Ihnen lieb ist. Man wird bey der Gesellschaft nicht stehen bleiben; sondern nach und nach über alle andere Orden herseyn. Man wird Priester und Mönche auf einen Haufen werfen, und alle Beschuldigungen der Jesuiten von den Ordensgeistlichen insgesammt muthmaßen. Was sage ich aber muthmaßen? Man wird als einen unumstößlichen Satz unter Trompeten- und Paukenschalle vortragen: **Priester und Mönche sind ärger, als die Weltleute: sie predigen andern, und leben selbst ihrer Lehre zuwider.** Was ist es dann Wunder, wenn man das Wort GOttes für eitel Pfaffentand halten, über die Ermahnungen lachen, und in einen stäten Schlummer der Unbußfertigkeit fallen wird? Schlagen Sie sich nur (XXI Anmerkung) mit dem Probabilismo herum, so lang Sie wollen. Sagen Sie nur, die gelindere Sittenlehre sey die Nährmutter der gesetzlosen Freyheit, der Ausgelassenheit, und Verkehrung. Ist wohl etwas unter der Sonne, was mehr zum Muthwillen leitet, mehr die Schmähsucht nähret, mehr dem Lasterleben die Stange haltet, als ihr Buch? Herr Portuges, ich dächte, Sie wären auch einer von den Schülern jenes letzten Meisters, welcher sichs in den Sinn kommen ließ, die **strengere Lehre**, wie ein ungezweifeltes Evangelium in der Welt fest zu setzen. Wie schlecht aber haben Sie sich seine Göttersprüche zu Nutzen gemacht? Warum halten sie sich nicht an die gewissere und sichrere Meynung? Daß man fremden Wandel ohne Sünde durch die Hechel ziehen könne, ist ja nicht einmal wahrscheinlich; aber gesetzt, nicht eingestanden, es gäbe für diese Meynung auch Proben, so ist doch allemal sicherer, von dem

Nebenmenschen entweder gut zu sprechen, oder gar zu schweigen. Und Sie, den der Eifer für die Wohlfahrt der Kirche, für die Sitten der Christenheit, für die Ordensreinigung der Jesuiten wie einen Blitz hin und wieder tragt, Sie schreiben, Sie rufen, Sie richten mit der ungezäumtesten Freyheit, die man sich nur einbilden kann. Machen Sie sich bey Leibe keine Hoffnung, daß Sie mir Schuld geben können, ich verübte gegen Sie eben das, was ich an Ihnen tadle. GOTT weiß den Endzweck, der mich dazu bewogen hat: und dieser wird mich von Ihnen und ihren Rottverwandten vermuthlich zur Gnüge unterscheiden. Sie wollen uns in ihren Anmerkungen mehr als zehenmal überreden, daß Sie kein Wort auf Antrieb des Hasses schreiben: allein da Sie sich zur Probe ihres Anbringens nur allein auf ihren Freund beziehen, so geben Sie ja das Mistrauen selber bloß, welches Sie auf ihre eigene Worte tragen. Ich aber sage Ihnen meine Bewegursache rund ins Gesicht. Der Eifer, das gerechte Verlangen, eine so ärgerliche Freyheit schreibsüchtiger Tadler bezäumet zu sehen, hat mich wider Sie aufgebracht. Wer nun von uns beyden das bessere Recht für sich habe, will ich nicht meinem Freunde, sondern dem allsehenden Richter der Herzen selbst anheim stellen.

Allein wiederum auf die Aergernisse ihres Buches zu kommen, so sind dieselben nicht nur in zahlreicher Menge, sondern auch mit besondern Umständen und Eigenschaften vergesellschaftet, welche das Maaß des Uebels voll machen. Denn erstlich sind diese Aergernisse allgemein. So erschrecklich die Drohworte des Heilands über den jenigen erschallen, welcher sich des Frevels unterwindet, einem von diesen Kleinen, das ist, auch nur der geringsten Person der Welt ein Aergerniß zu geben: so wenig scheuen Sie sich, Herr Portuges, jedermann, weß Standes und Ranges er seyn mag, in Sonderheit aber die liebe Unschuld, und die fromme Einfalt zu ärgern und zu bethören: welche von den Händeln der Jesuiten nimmermehr ein Wort gehöret hatten, und folglich bis daher immer in gutem Vertrauen gegen diesen Orden fortlebeten. Es stehen diesen guten Seelen die Haare gen Berg, da sie ein Volk, wovon sie ihre lebtage nichts arges geträumet hätten, in einem so tiefen Pfuhle von Lastern erblicken müssen.

Dieser

Dieser verlieret die Hoffnung, sich auf dem Stege der Tugend erhalten zu können, da er so viel große Geister so schändlich fallen sieht: jener lasset sich den anmüthigen Traum, womit die Lasterhaften Wind machen, zum Troste gefallen, er werde ungeachtet einer liederlichen Aufführung mit Stiefel und Sporn in den Himmel fahren. Niemals hat man unerfahrne Christen, welche der Tugend mit einfältiger und ungekünstelter Treue nachstreben, in solch ein Gewölk von Aergerniß verwickelt, als ihre Gesellen, mein Herr, ihre Handlanger und Frevelgenossen in gegenwärtiger Angelegenheit schon gethan haben. Man hat das verwünschte Buch in Nonnenklöster gebracht, unter die Beichtkinder der Jesuiten selbst verstreuet, und von Hause zu Hause auch dem einfältigsten Frauenzimmer unter herzrührenden Complimenten verehret. Man hat sich die äußerste Mühe gegeben, daß sie es doch lesen oder anhören möchten: man hat die Schriften angehäufet, die dunkeln Stellen erläutert, und alle Leser angefrischet, die Jesuiten zu verachten, zu schimpfen, und endlich zu hassen. Ein so teuflisches Verfahren soll nun der göttlichen Rache entgehen? Lasset Sie ihr Gewissen noch einen freyen Athem holen, wenn Sie bedenken, der Höchste möchte heut oder morgen seinen über die Aergerniß gesprochenen Fluch wahr machen? Dieß ist aber nicht der einzige Umstand, wodurch die siebente Eigenschaft ihrer Anmerkungen die vollkommenste Stufe der Bosheit erreichet hat. Nein: sie ist auch immerwährend. Eine Art von Aergerniß wird mündlich durch bloße Worte erzeuget: doch die Worte verfliegen. Die andere entsteht durch Handlungen: aber auch diese sinken nach und nach in Vergessenheit. Allein welche aus Schriften und Büchern hervorsteigt, ist die allerschlimmste: weil sie eben so wohl als die Blätter, worauf sie gehecket worden, unvergänglich ist. Die erstern zwo Gattungen sind nur ein Wetterschein, der einen Augenblick währet, und dann zu nichte wird: die dritte aber ist eine Windfackel, welche lange Zeit brennet, und alles weit und breit beleuchtet. Wählen Sie nicht, Herr Portuges, an der Classe, worein Sie gehören. Sie haben eine immerwährende, eine ewige Aergerniß auf die Welt gebracht. Kann man sich also eine schädlichere Pest vorstellen, als aus ihren Anmerkungen hervordustet? In dem Anhange streicheln Sie sich selber gar artig, da Sie sich über die Glückwünsche und Proben des Beyfalles, womit Sie in Rom beehret worden, herzlich gerühret finden. Ist dem also, so sagen Sie mir doch, was für ein Rom hat Ihnen Glück zugerufen? Das weise, gelehrte, kluge, wohl gesittete Rom? Jenes Rom, welches voll christlicher Tugend und Heiligkeit glanzet? Mein GOTT! dieß glaubet Ihnen kein Mensch. Wer ist Ihnen wohl hier in Mantua beygefallen? Vier junge Windmacher, fünf Schwärmer, zehen Müßiggänger, ein Dutzend Freygeister, welche so wohl der Frömmigkeit und Gottesfurcht, als auferbäulichen Ordensgeistlichen einen ewigen Krieg geschworen, und endlich einige Nachfolger des neidischen Cain, welche den Jesuiten gram sind, weil sich dieselben beständigfort durch die einfältige und redliche Aufopferung so vieler Arbeiten und so viel heylsamer Unternehmungen der gnädigen Aufnahme von dem Himmel würdig machen. Was machen nun alle diese für einen Theil der Stadt aus? Ist es die Hälfte eines von den zehen Theilen, wodurch das ganze Volk abgesondert wird? Können Sie wohl sagen: Mantua ist mir beygefallen, wenn eine so armselige Anzahl der nichtswürdigsten Leute Ja spricht? Wahrhaftig wenn Sie in allen Städten, wohin Sie mit ihrem Buche hausiren gehen, nach dem Maaße des Volkes eben so guten Markt haben, so mögen sie billig frohlocken, und den Hut aufs Aug drücken. Allein was denke ich! Sollte wohl jemand frohlocken, welcher sein Gewissen in einem Irrgarten sehen muß, woraus er keinen Weg finden kann? Sie werden zwar vielleicht mit Beyhülfe einer Gottesräuberischen Theologie, oder durch einen uncatholischen Irrschluß ihren Geist einschläfern, daß Sie in der jämmerlichsten Blindheit eine Weile vergnügt leben. Sie werden sich wohl gar spreitzen, Sie hätten den Jesuiten als ein freymüthiger Sittenrichter zum Gewissen geredet; Sie hätten ans Licht gezogen, woran ehehin niemals gedacht worden; Sie hätten einem Orden, der Ihnen so viel Eifersucht verursachete, das Licht abgeblasen. Es wird aber auch der Tag und die Stunde kommen, woran Sie wie ein verzweifelnder Antiochus weinen, ihre Bosheiten zu spat beherzigen, und mit Knirschen aufschreyen werden: **Jetzt gedenke ich der Uebelthaten, die ich in Jerusalem verübet habe.** (I B. der Machab. VI, 12) Es verdrießt mich länger zu reden: zumal da dieß mein Klaglied schon viel weitläufiger geworden, als ich anfänglich gedacht hätte. Die Verwirrung liegt schon am Tage, worein Sie uns Christen durch ihre Anmerkungen gesetzet haben: und

zwar

zwar ohne Ursache, ohne Nutzen, ohne Rucksicht auf die Worte, womit uns der heilige Geist vor dem giftigen Hauche eines Verleumders warnet: **glaube ihm ja nicht, weil sieben Schalkheiten in seinem Herzen sind.** Und diese sieben Gaben, worinn das Leben der Anmerkungen besteht, heißen **Gottlosigkeit, Unvernunft, Ehrabschneidung, Grausamkeit, Vermessenheit, Aufruhr und Aergerniß**: lauter Eigenschaften, die ich so deutlich aus ihrem Briefe vor aller Welt Augen gestellet, daß ich mich getröste, Sie werden niemanden mehr Glauben und Beyfall abheucheln, als Sie von mir erhalten haben. Kommt es nun dazu, daß Sie überall als ein treuloser Lügenschmied und boshafter Ehrendieb bestehen, so wird man ohne Schwierigkeit begreifen, daß jener erschreckliche Drach in der heimlichen Offenbarung, welcher unter andern auch die teuflische Eigenschaft hatte, seinen Nächsten Tag und Nacht zu beschuldigen, in ihrer Person erschienen sey, und alle Augenblicke seinen Sturz erwarte, damit man, wie dort die Engel des Himmels (XII, 10) sagen möge: **der Ankläger unsrer Brüder ist gestürzet, welcher dieselben Tag und Nacht vor dem Angesichte unsers GOttes verklaget hatte.**

Mantua den 1 Märzen 1760.